AF551064

Fingerspiele

für Babys und Kleinkinder

Die schönsten Fingerspiele zur spielerischen Förderung Ihres Kindes ganz leicht zuhause durchführen

Lorina Schönfeld

Alle Ratschläge in diesem Buch wurden vom Autor und vom Verlag sorgfältig erwogen und geprüft. Eine Garantie kann dennoch nicht übernommen werden. Eine Haftung des Autors beziehungsweise des Verlags für jegliche Personen-, Sach- und Vermögensschäden ist daher ausgeschlossen.

ISBN: 978-3-969304341

Email: info@edition-lunerion.de
www.edition-lunerion.de

Psiana eCom UG
Berumer Str. 44
26844 Jemgum

INHALT

Vorwort

Wie kann man sich sinnvoll, fördernd und lehrreich zugleich mit Kleinkindern beschäftigen und dabei auch noch eine Menge Spaß haben? Welche Bereiche werden denn sinnvoll und fördernd angesprochen, was lernt das Kind dabei und wie kann man die Spiele in die Gruppenarbeit integrieren oder in den häuslichen Alltag? Für die meisten Erwachsenen ist das Fingerspiel oft nur ein kleines, lustiges Spiel, um Babys und kleine Kinder zu beschäftigen. Hinter diesem kleinen Spiel steckt jedoch so viel mehr und es gibt auch den Kindern so viele Lernmöglichkeiten. Was alles dahintersteckt und wie die Fingerspiele pädagogisch gezielt eingesetzt werden können, erfahren Sie in diesem bunten Ratgeber voller Hintergrundwissen und auch Spielideen.

Ja, die Zappelfinger!

Süße, lustige Fingerspiele mit einfachen Reimen sind bei allen Kindern sehr beliebt. Kindergartenkinder müssen nur die ersten Worte hören und schon können sie meist den Rest des Reimes fröhlich mitsprechen und mit den Fingern „mittanzen". Aber auch schon die ganz Kleinen, also sogar die Babys, fangen sofort zu lächeln an, wenn ihnen Mama, Papa oder ein größeres Geschwisterkind einen kleinen Reim mit passenden Bewegungen vorspielt. Doch warum ist das so? Wieso muss man nur mit allen zehn Fingern wackeln und schon kontert das Kind, *„Ja, die Zappelfinger"*, und weiß genau, was nun passiert? Dieser Ratgeber will es Ihnen einfach und leicht verständlich erklären und Ihnen dazu auch noch eine ganze Menge an Fingerspiel-Ideen mitgeben, welche Sie dann zu Hause oder aber auch in der Kindertagesstätte oder in anderen Betreuungseinrichtungen, wie zum Beispiel in Krabbelgruppen, umsetzen können. Zudem wird erläutert, warum das Fingerspiel und die Reime so viele Vorteile für die Entwicklung des Kindes mit sich bringen, welche sozialen und motorischen Fähigkeiten dabei trainiert werden und warum es sogar einen positiven Einfluss auf die Sprache des Kindes haben kann. Erfahren Sie selbst durch diesen Ratgeber, wie diese vielen

Faktoren miteinander verknüpft sind und welche Möglichkeiten Sie daraus für den Alltag mit Kind schöpfen können.

Da es für die Fingerspiele keinen genauen Zeitplan gibt, sind sie eine wunderbare Spielmöglichkeit für Auto- oder Zugfahrten, für Wartezeiten in Wartezimmern oder zum Begleiten von bestimmten Ritualen, wie zum Beispiel dem Zu-Bett-Gehen. Es bedarf keiner Vorbereitung oder bestimmten Materialien, um ein kurzes Fingerspiel zu spielen. Außerdem gibt es Spielideen für entsprechende Jahreszeiten, zum Lernen des Zählens und für besondere Anlässe, wie zum Beispiel Ostern und Weihnachten. Einige Spielideen sind speziell für Babys ab Geburt geeignet, da hier auch noch das Körpergefühl mit angesprochen wird, andere wiederum eignen sich für alle Kinder bis zum Vorschulalter. Bestimmt haben auch Sie schnell Ihre Favoriten herausgefunden, welche Sie gerne an das Kind weitergeben möchten. Zudem ist es auch eine willkommene Beschäftigung für Geschwisterkinder oder für Spieltreffs.

Die bunte Welt der Fingerspiele

Fingerspiele sind aus dem heutigen Kita-Alltag und auch aus den Familien nicht mehr wegzudenken. Sie bringen Spaß und fördern die Aufmerksamkeit des Kindes, aber auch wichtige Routine, und natürlich profitieren die Kinder bezüglich Sprache, Motorik und Merkfähigkeit. Aber nicht nur in der jetzigen, modernen Zeit werden Fingerspiele gespielt. Die wahrscheinlich älteste, schriftliche Aufzeichnung eines Fingerreimes kommt aus dem Jahr 1810.

„Der ist in den Pütz gefallen
Der hat ihn herausgeholt
Der hat ihn abgetrocknet
Der hat ihn ins Bett gelegt
Und das kleine Stubbeditzchen hat es Vater und Mutter gesagt."

(Simrock, Deutsches Kinderbuch)

Somit ist belegt, dass auch schon unsere Großeltern und deren Eltern mit Fingerspielen getröstet, ins Bett oder zum Lachen gebracht wurden. Und egal, in welchem Land die Kinder leben, in jedem gibt es Fingerspiele, die alle die gleichen Ziele verfolgen.

Die meist kurzen Fingerspiele behandeln viele verschiedene Themen. Es gibt Reime von Tieren, zu den Jahreszeiten, es wird gezählt, es werden die verschiedenen Körperteile benannt oder Gegensätze aufgezeigt, wie zum Beispiel oben und unten oder hinten und vorne, schnell und langsam.

Es geht natürlich in erster Linie um den **Spaß zusammen mit dem Kind**, aber unbewusst wird beim Vor- bzw. Aufsagen der Reime auch die **Sprache** sowie bei den **Bewegungen** die Motorik trainiert. Die einfachen, lustigen Verse werden aber auch oft dazu genutzt, die Aufmerksamkeit vom Kind auf sich zu ziehen, um etwa eine bestimmte Situation zu umgehen oder zu vermeiden oder, ganz einfach, um das Kind zu trösten, wenn es gerade gestürzt ist. Kurzum: Fingerspiele eignen sich zu jeder Tageszeit und sind schnell im Alltag eingebaut, ohne dass es eine Vorbereitung oder bestimmte Materialien braucht.

Und auch Kinder untereinander können sich mit diesen Spielen **selbst beschäftigen** und lernen dabei verschiedene, soziale Aspekte. Dem anderen Kind zuzuhören wird dabei genauso trainiert wie das Konzentrieren auf eine Sache. Es ist doch immer wieder schön, wenn man mit ansehen kann, wie die Kinder unter sich agieren und ausmachen, wer nun als Nächstes an der Reihe ist.

Fingerspiele & Sprachförderung in der frühen Förderung

Der Baustein für erfolgreiche Entwicklung

RITUALE GEBEN SICHERHEIT

Alle Eltern und natürlich auch Pädagogen, sozusagen jeder, der irgendwie mit Kindern arbeitet, weiß, dass ein geregelter Tagesablauf und bestimmte Rituale unumgänglich sind, um den Kleinen ein gewisses Maß an Sicherheit zu gewährleisten. Für Kinder ist es absolut wichtig, zu wissen, was passieren wird. Nach der Gute-Nacht-Geschichte wird sich ins Bett gekuschelt und geschlafen; dies kann schon eine tägliche Routine sein. Oft ist es sogar immer und immer wieder ein und dieselbe Gute-Nacht-Geschichte, welche das Kind hören möchte. Aber diese Geschichte ist für das Kind wichtig, um zur Ruhe zu kommen und in den Schlaf zu finden. Sie gibt ihm Sicherheit und das Gefühl von Geborgenheit, wenn bekannte Dinge zu bekannten Zeiten geschehen. Das Kind kann sich genau darauf verlassen. Genauso ist es in vielen anderen, täglichen Situationen. Im Kindergarten wird vielleicht vor dem Aufräumen ein Gong geläutet oder ein bestimmter Reim aufgesagt, den alle Kinder durch die ständige Wiederholung im Schlaf mitsprechen können. Und allen Kindern ist klar: Nun muss das Spielzeug zurück an seinen Platz im Regal. Sie wissen genau, was nun zu tun ist. Auch die Kinder, deren Lieblingsbeschäftigung das Aufräumen vielleicht weniger ist, werden dazu animiert, mitzumachen, um es den anderen Kindern gleichzutun.

EINÜBUNG VON ENTWICKLUNGSGRUNDLAGEN

Gerade in den **ersten Lebensjahren** lernen Kinder so unglaublich viele verschiedene Dinge und verbessern sich ständig immer weiter. Dies geschieht dabei fast schon rasend schnell. **Drei- bis Vierjährige** haben meist noch Schwierigkeiten, mit der Schere umzugehen, beim Malen braucht man als Erwachsener etwas Fantasie, um auf dem selbst gemalten Bild den Hasen zu erkennen. Einfach, weil bei den Kindern dieser Altersklasse diese motorischen Fähigkeiten erst noch erlernt und natürlich auch gefestigt werden müssen. Malt das Kind irgendwann seinen 125. Hasen, dann wird dieser wohl um einiges besser zu erkennen sein, denn Übung macht den Meister, auch was die Motorik angeht.

Und auch das allgemeine Verständnis für Zusammenhänge wird in dieser Altersklasse immer ausgeprägter. Dabei helfen gerade im Kindergarten bzw. in der Krippe feste Rituale, die dazu lustig mit kurzen Reimen das Ende oder auch den Anfang einer neuen Tätigkeit einläuten. Bei den **Fünf- bis Sechsjährigen** kristallisiert sich oft schon etwas mehr Feingefühl für bestimmte Tätigkeiten heraus. Das Ausschneiden und Ausmalen wird stets weiter perfektioniert, Erzieher, Eltern oder Betreuer müssen immer weniger mithelfen, wenn gebastelt wird. Dies ist natürlich auch vom Alter abhängig, denn Kinder verstehen immer mehr und auch immer besser bestimmte Zusammenhänge und können diese anders bewerten als noch ein 3 Jahre altes Kind. Und natürlich spielt auch die ständige Wiederholung von bestimmten Tätigkeiten eine wichtige Rolle.

Und darum geht es auch bei den Fingerspielen. Diese werden gerade im Kindergarten oder in der Krippe ständig wiederholt, um eine gewisse Routine in den Alltag zu bringen, aber auch, um die Bewegungsabläufe der kleinen Finger zu koordinieren. Die Finger wackeln, gehen hoch und runter, bewegen sich mal schnell und bleiben dann ganz plötzlich bewegungslos. Dazu kommt noch der passende Vers, den die Kinder oft schon nach kurzer Zeit mitsprechen können. Sie wissen genau, welcher Satz dem anderen folgt, freuen sich, weil sie wissen, was nun kommt, und müssen die entsprechende Bewegung passend koordinieren. Und das alles muss erst einmal alles unter einen Hut gebracht werden – Textsicherheit, Aussprache und dann noch die richtigen Bewegungen ausführen. Das klingt erst einmal nach viel Arbeit für die Köpfe der Kindergarten- und Vorschulkinder, das Tolle aber ist, dass dies so unbewusst passiert, dass die Kinder dabei einfach nur Spaß und Freude haben.

SOZIALES LERNEN

Da die Fingerspiele und Reime immer in der Aktion zwischen Erwachsenem und Kind stehen, wird hier auch unumgänglich die **soziale Kompetenz** geschult. Zuallererst sollte zwischen den beiden eine positive Verbindung bestehen. Das Kind sollte der erwachsenen Person natürlich zuhören, die erwachsene Person braucht wiederum die ganze Aufmerksamkeit und Konzentration des Kindes. Wird in einer Gruppe gespielt, sollten sich alle Kinder der erwachsenen Person zuwenden. Hierbei wird es schon etwas schwieriger, die ungeteilte Aufmerksamkeit der ganzen Gruppe zu erlangen. Wenn dann das Spiel der lustigen Fingerspiele beginnt, möchte kein Kind, dass ein anderes lacht oder anderweitig das gemeinsame Spiel stört. Hierzu gehört nun eben, dass die Kinder soziales Miteinander lernen und üben. Fähigkeiten, die zu einem guten Miteinander beitragen, werden geschult. Sind mehrere Kinder am Spiel beteiligt, sollte darauf gewartet werden, bis alle Kinder auf ihrem Platz sitzen. Schon allein diese Situation ist für manches Kind eine kleine Herausforderung und trainiert nebenbei noch die Geduld. Dann geht es mit dem Zuhören weiter, denn nur, wenn das Kind dem Betreuer zuhört, weiß er, was nun passieren wird.

Zudem animiert das kürzlich gelernte Spiel mit den süßen Versen die Kinder untereinander. Fängt ein Kind mit dem Reim an, steigen sofort weitere Kinder mit ein und ein wunderbares Miteinander ist zu sehen. So lernen die Kleinen ein starkes Wir-Gefühl, sei es in der Kindergartengruppe oder aber auch zu Hause mit den Eltern und Geschwistern. Diese Gruppendynamik spiegelt sich auch in den regelmäßigen Ritualen wider, denn Kinder verstehen es sehr gut, ihre Spielkameraden an die aktuellen Regeln zu erinnern oder darauf aufmerksam zu machen. Es wird erst gegessen, wenn alle an ihrem Platz sitzen? Dann wird schon mal der Kindergartenfreund aufgefordert, sich endlich zu setzen. Natürlich können soziale Fähigkeiten durch eine Vielzahl von verschiedenen Aktivitäten und Prozessen erlernt werden. Fingerspiele und Reime leisten auch hier einen wesentlichen Beitrag.

Förderung auf allen Ebenen

AKUSTISCHES VERSTÄNDNIS

Gerade beim ersten Vorsagen des Fingerspiels wird das Kind sehr gut zuhören, denn das Gehörte muss natürlich auch richtig verstanden werden. Daher ist es wichtig, dass das Spiel mehrmals und auch langsam und deutlich gesprochen wird. Vor allem die ganz Kleinen müssen die unterschiedlichen Worte, gerade bei Reimen, richtig verstehen. Und auch die Tonlage kann dabei eine wichtige Rolle beim genauen Zuhören und Verstehen spielen. Denn nur so lernen die Kinder auch die korrekte Aussprache, was natürlich für die gesamte Sprachentwicklung wichtig ist. Natürlich sollen und dürfen die Kinder verbessert werden, wenn sie bei der Aussprache noch etwas ungenau sind, hierbei sollte aber darauf geachtet werden, die Kinder nicht ständig mit ihren Fehlern zu konfrontieren, denn dann stellt sich vielleicht ein gewisses Frustgefühl ein.

Da Kinder immer gerne nachahmen und das Sprechen, also Aussprache und Wortschatz, von den Erwachsenen abschauen, eignen sich neben Vorlesegeschichten auch Fingerspiele sehr gut, um dies zu trainieren. Dabei lassen sich Fingerspiele auch problemlos **in den Alltag integrieren**, man benötigt keine Vorbereitungszeit, keine Materialien und auch keinen bestimmten Ort.

GEDÄCHTNIS

Um ein lustiges Fingerspiel überhaupt selbstständig spielen zu können, sollte sich der Text zusammen mit den passenden Bewegungen erst einmal im Gedächtnis des Kindes festigen. Dies geschieht natürlich durch mehrmalige Wiederholung. Je öfter gespielt wird, umso besser kann sich das Kind daran erinnern. Durch das ständige Training fällt es den Kindern bald überhaupt nicht mehr schwer, das Fingerspiel allein mit den Spielkameraden oder Geschwistern zu spielen. Man kann dann staunend beobachten, mit welcher Freude und Sicherheit die Kinder, entweder allein oder in einer kleinen Gruppe, immer wieder das gleiche Spiel spielen. Denn sie wissen, was sie da können und gelernt haben, und haben natürlich umso mehr Spaß dabei, wenn ohne Hilfe der richtige Text und die passende Bewegung vorgeführt werden können. Man darf hier natürlich auch stolz auf das Kind sein, denn was die kleinen Köpfe dabei leisten, ist einfach unglaublich.

Natürlich ist **Helfen** in jeglicher Form **erlaubt**, sollte es vielleicht doch einmal eine Textlücke geben. Auch so kleine Super-Hirne können mal etwas vergessen oder Wörter vertauschen. Da ist es auch keine Schande, wenn man hier kurz mit einem Wort dem kleinen Mitspieler auf die Sprünge hilft. Und auch, wenn das Kind selbst um Hilfe bittet, darf hier ohne Wertung die nötige Unterstützung gegeben werden.

MOTORIK

Die Finger zappeln lassen oder nur einzelne Fingerchen wegstrecken, die Hände drehen, gezielt an die eigene Nase oder an das Ohr fassen und auch hüpfen. Dies sind alles **motorische Bewegungen**, die erlernt und auch ständig trainiert werden sollten. Und dabei kann die bunte Welt der Fingerspiele super unterstützen. Die Kleinen absolvieren also ein richtiges Sportprogramm, wenn sie die süßen Spiele spielen. Die ersten Versuche sind vielleicht bei manchen Kindern noch etwas wackelig oder unbeholfen. Jedoch kann meist schon nach ein paar Spielrunden eine kleine Verbesserung der Koordination der Hände erkannt werden. Und sollte es mit bestimmten Bewegungen noch nicht so gut klappen, darf auch hier gerne mit unterstützenden Worten motiviert und somit geholfen werden. Die Abläufe sollen sich ja erst in den Köpfen der Kinder festigen und dann sollte der passende Text auch noch abrufbar sein. Hier gilt ebenfalls: Übung macht den Meister – und stetes Trainieren und Wiederholen der Fingerspiele kommen den motorischen Fähigkeiten der Kinder nur zugute.

Natürlich ist die Motorik allgemein auch etwas an das **Alter des Kindes** gekoppelt, daher sollte man bei der Auswahl der Fingerspiele diesen Aspekt ein wenig im Hinterkopf behalten.

WORTSCHATZ & WORTBEDEUTUNG

Nicht nur die **Aussprache** an sich wird durch die Fingerspiele mit den lustigen Versen geschult, auch der **Wortschatz** der Kinder wird durch das Spielen erweitert. Die Kinder hören hier vielleicht neue Begriffe oder verwandte Wörter, deren Bedeutung durch die erwachsene Person auch erklärt werden sollte. So lernen die Kinder, dass es zum Beispiel neben dem Wort Möhre auch noch die Bezeichnung Karotte oder auch Gelbe Rübe gibt – drei verschiedene Begriffe beschreiben dieselbe Sache. Und so kommen nach und nach immer mehr Wörter hinzu. Der Wortschatz von Kindern wächst in kürzester Zeit enorm. Es können ebenso regional unterschiedliche Bezeichnungen zusammen in der Gruppe erörtert werden. Die Kinder lernen mit den Reimen ganz neue Wörter kennen, die vielleicht so im privaten Alltag nicht geläufig sind, und unter Umständen können Sie mit den Reimen den Kindern auch bestimmte Gefühle näherbringen und deren Bedeutung erklären. Je mehr Wörter und deren Bedeutung das Kind kennt, umso besser kann es sich ausdrücken und genau formulieren, was es möchte oder wenn es ihm nicht gut geht.

GRAMMATIKALISCHE STRUKTUREN

„Tun wir heute auf den Spielplatz gehen?" Jeder, der mit Kindern zu tun hat, im privaten oder beruflichen Umfeld, wird über kurz oder lang mit den tollsten „tun"-Sätzen konfrontiert. Wahrscheinlich finden einige Personen diese Sätze von den Kleinen ganz süß, jedoch spricht nichts dagegen, den Kindern die richtige Verwendung des beliebten Wortes „tun" zu erklären. Dies ist im Alltag manchmal nicht immer bis ins Detail möglich, daher können die einfachen Reime der Fingerspiele zumindest die richtige Satzstellung vermitteln.

Wie alles andere lernen die Kinder die korrekte Satzstellung und Grammatik beiläufig durch ständige Wiederholung, Training und durch Nachahmen. Die richtigen Strukturen und deren Verwendung speichern sich unbewusst in den Köpfen der Kinder ein. Das Fingerspiel ist also auch für die Grammatik ein sehr guter, kleiner und versteckter Helfer, um den Kindern den richtigen Umgang mit Sprache näherzubringen. Und auch im normalen Alltag kann es für die sprachliche Entwicklung und das richtige Gefühl für die Verwendung von Wörtern sinnvoll sein, einfach ganz normal mit den Kindern zu sprechen. So klingt es bei Babys zwar oft sehr süß, wenn sie mit *„Wauwau"* den Hund meinen, jedoch sollte trotzdem auch dem Kind erklärt werden, dass es ein Hund ist, der *„wauwau"* macht. Denn später in der Schule ist es dann leider nicht mehr ganz so lustig, wenn das Kind noch immer vom *„Wauwau"* spricht. Und wenn hin und wieder doch mal ein „tun"-Satz von einem Kind zu hören ist, ist das auch **nicht weiter tragisch**, sie sind ja schließlich noch keine Profis.

Der frühe Start: Fingerspiele für Babys

Bestimmt haben Sie das schon einmal selbst beobachten können, dass sich wenige Monate alte Kinder schon ganz allein beschäftigen können – und zwar, indem sie ihre eigenen Hände und Finger beobachten, sie zappeln lassen, drehen, wenden und die eine Hand mit der anderen Hand fangen. Sie entdecken nun, dass diese kleinen Händchen gar nicht so unnütz sind, wie wahrscheinlich anfangs vermutet. Man kann so tolle Sachen mit den einzelnen Fingern und der ganzen Hand anstellen. Und wenn die Babys das entdeckt haben, haben sie eine große Freude daran, mit ihren eigenen Händen zu spielen. Durch die Fingerspiele können Sie nun den Kleinen zeigen, was man noch so alles mit den Händchen anstellen kann.

Der absolute Klassiker *„Guck, guck, wo bist du?"*, während man sich seine Hände vor die Augen hält, hat bis jetzt noch jedes Baby zum Lachen gebracht. Wenn die Kleinen erst einmal verstanden haben, dass man natürlich nicht weg ist, macht es ihnen **eine Menge Spaß**, dieses Spiel zu spielen. Gerade beim Wickeln von aktiveren Babys ist dieses kleine Spiel eine kurze Ablenkung. Etwas ältere Kinder verdecken oft auch schon ihre eigenen Augen, wenn Sie sagen, *„Wo bist du?"*, und auch nach der gefühlten 20. Wiederholung findet das Kind dieses Spiel immer noch lustig. Natürlich macht es Ihnen dann genauso viel Spaß, wenn Sie sehen, dass es dem Kind dabei so gut geht.

Selbst wenn die wenige Monate alten Kleinen wahrscheinlich kein Wort genau verstehen können, haben auch sie ihren Spaß, wenn Mama oder Papa einen lustigen Reim vorsagen. Es geht auch hier gar nicht darum, dass das Kind jedes einzelne Wort versteht, sondern vielmehr um das vielleicht schon bekannte **Liedchen und** die **lustigen Bewegungen**, welche einfach Spaß machen und dem Kind die bekannte Sicherheit bieten. Denn meist braucht Mama oder Papa nur anzufangen, mit den Fingern zu zappeln, und die Babys und kleinen Kinder lachen bereits, ohne dass mit dem Reim angefangen werden muss. Denn sie wissen ganz genau, dass nun ein lustiges Fingerspiel beginnt und sie wahrscheinlich gleich gekitzelt werden. Wird dieses Spiel dann noch in ein Alltagsritual eingebaut, fühlen sich die Kleinen oft sicher aufgehoben, da das Gefühl der Geborgenheit in ihnen aufkommt.

Um einen kurzen Einblick zu geben, welche Fingerspiele schon für die Jüngsten geeignet sind, finden Sie hier eine Auflistung mit passenden Reimen und Erklärungen dazu:

FINGERREIME

Kleine Schnecke

Ihre Finger krabbeln zur Melodie von **„Bruder Jakob“** von den Füßchen bis zum Köpfchen des Babys und kitzeln zum Schluss das Bäuchlein.

Kleine Schnecke, kleine Schnecke,

[Finger krabbeln von den Füßchen ...]

krabbelt rauf, krabbelt rauf,

[... über die Beinchen]

krabbelt wieder runter, krabbelt wieder runter,

[... hin zum Bäuchlein]

kitzelt dich am Bauch, kitzelt dich am Bauch.

[... bis zum Kopf]

Die Mücke

Ihre Finger kreisen um den Kopf des Babys herum und landen jeweils auf dem Arm, dem Bauch, dem Bein und dem Knie. Beim letzten Vers landen die Finger dann auf der Nase.

Schau, die Mücke, summ, summ, summ.

[Finger zappeln vor dem Baby]

Sie fliegt um deinen Kopf herum.

[Finger kreisen um den Kopf herum]

Sie fühlt sich so bei dir zu Haus

und ruht sich auf dem Arm /

dem Bauch /

dem Bein /

dem Knie /

der Nase aus.

[Finger kitzeln das Baby am genannten Körperteil]

Der Floh

Sie beginnen mit kleinen Mäuseschritten und formen dann ein Dach. Bei der Mücke malen Sie mit den Fingern kleine Kreise in die Luft und machen ein surrendes Geräusch. Bei *„baut ein Brückchen"* nehmen Sie die Hand des Babys und legen diese auf Ihre Schulter. Nun krabbeln Sie mit zwei Fingern von Babys Hand zu dessen Schulter. Bei *„Kommt ein Floh…"* kitzeln Sie das Baby.

Kommt ein Mäuschen, baut ein Häuschen.

[Zwei Finger machen kleine Schritte,

die Hände formen ein Dach]

Kommt ein Mückchen, baut ein Brückchen.

[Finger malen kleine Kreise in die Luft,

surrende Geräusche machen,

die Hand des Babys als Brücke auf die eigene Schulter legen]

Kommt ein Floh, der macht so.

[Die Finger krabbeln über die gelegte Brücke zum Baby

und kitzeln es sachte]

Das ist der Daumen

Zeigen Sie dem Baby nacheinander alle fünf Finger. Zum Schluss lassen Sie alle Finger zappeln, alternativ können Sie das Baby sachte kitzeln.

Das ist der Daumen,

[Den Daumen hochstrecken]

der schüttelt die Pflaumen,

[Mit dem Zeigefinger wackeln ...]

der hebt sie auf,

[... dann mit dem Mittelfinger, ...]

der bringt sie nach Haus

[... mit dem Ringfinger ...]

und der Kleine isst sie alle auf.

[... und nun mit dem kleinen Finger]

In unserem Haus

Ihr Zeige- und Mittelfinger krabbeln am Arm des Babys hinauf und kitzeln es zum Schluss am Hals. Alternativ können Ihre Finger auch auf das Baby zufliegen.

Kommt eine Maus,

[Finger krabbeln ...]

Und will in unser Haus,

[... am Arm des Babys hoch ...]

da hinein, da hinaus.

[... und es am Hals kitzeln]

Kommt eine Maus,

[Finger fliegen in Schlangenlinien]

kriecht in unser Haus,

[Das Baby am Bauch ...]

macht ein bisschen
kribbel, krabbel, kribbel, krabbel.

[... sachte kitzeln]

Eine kleine Maus

Mit Ihren Fingern laufen Sie auf dem Tisch oder dem Schoß hin und her und zum Schluss verstecken Sie Ihre Hände hinter dem Rücken.

In unserem Haus

[Die Finger laufen auf dem Tisch hin und her ...]

Ist eine kleine Maus.

Sie trippelt und trappelt,

sie zippelt und zappelt,

sie schaut und nascht

und will man sie schnappen –

husch – ist sie schon am wegtappen.

[... Hände verschwinden hinter dem Rücken]

Die Schnecke unter der Hecke

Sie beginnen mit dem Daumen und zeigen nacheinander alle Finger vor und bewegen Sie vor dem Baby hin und her.

Was macht die Schnecke?

[Mit dem Daumen wackeln]

Die kriecht unter die Hecke.

Was macht der Käfer?

[Mit dem Zeigefinger wackeln]

Er ist ein Langschläfer.

Was macht der Wurm?

[Mit dem Mittelfinger wackeln]

Er wartet auf den Sturm.

Was macht die Grille?

[Mit dem Ringfinger wackeln]

Sie lauscht der Windstille.

Was macht die Laus?

[Mit dem kleinen Finger wackeln]

Sie läuft zu uns ins Haus.

Hast 'nen Taler

Sie nehmen die Hand des Babys und bei jeder Zeile tätscheln Sie sanft auf die Baby-Hand, beim letzten Satz kitzeln Sie die Handfläche leicht oder krabbeln auf ihr herum.

Hast 'nen Taler,

[Leicht in Babys Hand patschen, ...]

geh auf den Markt.

[... noch einmal ...]

Kauf dir 'ne Kuh,

[... und noch einmal]

'n Kälbchen dazu.

[Wieder in die Babyhand patschen ...]

Kälbchen hat ein Schwänzchen,

[... und ein letztes Mal]

macht dideldideldänzchen.

[Die Handfläche des Babys kitzeln]

Igels machen sonntags früh

Passend zum ersten Satz formen Sie mit den Händen ein Boot, beim zweiten Satz lassen Sie das Boot hin und her schaukeln. Bei *„Fallt nicht raus"* drohen Sie mit dem Zeigefinger, bei *„denn ihr habt ja keine Flügel"* flattern Sie mit den Händen und beim letzten Satz schütteln Sie sich, als würden Sie sich trocknen wollen.

Igels machen sonntags früh eine Segelbootpartie.

[Die Hände formen ein Boot]

Und die Kleinen jauchzen froh,

denn das Boot, das schaukelt so.

[Das Boot schaukelt hin und her]

„Fallt nicht raus", ruft Mutter Igel,

„denn ihr habt ja keine Flügel.

[Mit dem Zeigefinger drohen, die Hände flattern]

Wenn ihr dann ins Wasser fallt,

huh, da ist es nass und kalt!"

[Mit den Händen an die Schultern fassen und zittern]

Herr Nasemann

Mit Ihren Fingern krabbeln Sie den Arm des Babys hoch, klopfen sanft an die Wange, zupfen sachte am Ohr und dann fassen Sie an Babys Nase.

Kommt ein Mann die Treppe rauf.

[Finger krabbeln am Arm des Babys hoch]

Klopft an, bim bam.

[sanft an die Wange klopfen, sachte am Ohr zupfen]

Guten Tag, Herr Nasemann

[an die Nase des Babys fassen]

Sonnenkäfer

Zuerst krabbelt nur einer Ihrer Finger, dann zwei und dann alle Finger den Arm des Babys hoch.

Erst kommt der Sonnenkäferpapa,

[Ein Finger krabbelt den Arm des Babys hoch]

dann kommt die Sonnenkäfermama.

[Zwei Finger krabbeln nun]

Und hintendrein, ganz klitzeklein,

[Alle Finger krabbeln ...]

die Sonnenkäferkinderlein.

Sie haben rote Röckchen an,

mit kleinen schwarzen Pünktchen dran.

Sie machen ihren Sonntagsgang

auf unsrer Fensterbank entlang.

[... den Arm des Babys hoch]

Heile, heile Segen

Das Wunderheilmittel für alle Kinder, die sich gerade etwas wehgetan haben. Bei diesem Vers schaukeln Sie das Baby bzw. das Kind sanft im Arm oder auf dem Schoß.

Heile, heile Segen,

sieben Tage Regen,

[Das Baby sanft auf dem Schoß oder im Arm wiegen]

sieben Tage Schnee,

tut schon nicht mehr weh.

[Die schmerzende Stelle sanft streicheln]

Der Fisch

Mit Ihren Händen umkreisen Sie die Finger des Babys, zum Schluss packen Sie die Hände Ihres kleinen Mitspielers.

Ich hab gefischt,

ich hab gefischt,

[Die eigenen Finger kreisen um die Finger ...]

ich hab die ganze Nacht gefischt

[... des Babys]

und habe einen Fisch erwischt.

[Die Hände des Babys sachte packen]

Steigt ein Bub auf den Baum

Ihr abgewinkelter Arm ist der Baum, Ihre Hand ist die Baumkrone mit Ästen. Ihre andere Hand ist das zappelnde Vögelchen.

Steigt ein Bub auf den Baum,

ei, wie hoch, man sieht es kaum!

[Arm abwinkeln, Finger spreizen]

Hüpft von Ast zu Ästchen,

schlüpft ins Vogelnestchen.

[Andere Hand flattert zum Baum]

Uh, da lacht es.

Bums, da kracht es.

[Um den Baum fliegen]

Plumps, da liegt es unten.

[Hand fällt nach unten]

Die Uhren

Wenn das Baby noch recht klein ist, legen Sie es auf den Rücken und bewegen Sie die Beinchen passend zum Text leicht hin und her. Etwas größere Babys können Sie hochnehmen und rhythmisch zu „tick tack“ hin und her schwingen.

Große Uhren machen
tick tack, tick tack.
[Beine des Babys rhythmisch hin und her bewegen]
Kleine Uhren machen
ticke tacke, ticke tacke.
[Beine etwas schneller bewegen]
und die kleinen Taschenuhren machen
ticktackticktacketicketacke.
[Und noch ein wenig schneller]
Und der Wecker, der macht
rrring, rrring, rrring.
[Beinchen ganz schnell bewegen]
Und die große Turmuhr, die macht
bimm, bamm, bimm, bamm.
[Beinchen ganz langsam hin und her bewegen]

Alle Leut'

Dieser Reim wird gerne hergenommen, um sich zu verabschieden. Mit ausladenden Bewegungen Ihrer Hände formen Sie große, kleine, dicke und dünne Menschen. Zum Schluss winken Sie dem Baby zu.

Alle Leut', alle Leut',

gehen jetzt nach Haus.

[In die Hände klatschen]

Große Leute, kleine Leute,

dicke Leute, dünne Leute.

[Arme nach oben, nach unten halten.

Hände formen einen Bauch, zeigen sich schlank]

Alle Leut', alle Leut',

gehen jetzt nach Haus.

[Klatschen]

Sagen auf Wiedersehn,

es war so wunderschön.

[Winken]

Alle Leut', alle Leut',

gehen jetzt nach Haus.

[Winken]

Es war einmal ein Männlein

Ihre Hand krabbelt über das Baby und sucht sich ein Versteck, zum Beispiel einen Ärmel oder unter der Jacke.

Es war einmal ein Männlein,

[Hand krabbelt über das Baby]

das kroch in ein Kännlein.

[Im Ärmel verstecken]

Dann kroch es wieder raus,

[Wieder herauskrabbeln]

da war die Geschichte aus.

[Das Baby an die Nase stupsen]

Das Schäflein und die Kuh

Eine Ihrer Hände ist das Schäflein, die andere Hand ist die Kuh. Ihre eine Hand krabbelt links am Baby entlang, die andere krabbelt rechts. Zum Schluss treffen sich Ihre Hände am Bauch und kitzeln das Baby sachte durch.

Das Schäflein läuft zum Stall hinaus,

[Linke Hand krabbelt am rechten Arm des Babys hoch]

mäh, mäh, mäh. Mäh, mäh, mäh.

Die Kuh läuft auch zum Stall hinaus,

[Rechte Hand krabbelt am linken Arm des Babys hoch]

muh, muh, muh. Muh, muh, muh.

Das Schäflein und die Kuh,

[beide Hände treffen sich auf dem Bauch des Babys

und kitzeln es sachte]

die rufen immerzu: mäh-mäh-muh, mäh-mäh, muh!

Kribbel, krabbel, kribbel, krabbel

Tiergeräusche sind immer eine gute Idee. Hierbei sind Ihre Finger das Tier und kitzeln das Baby entweder am Arm, am Bein oder auch am Bauch. Sie können das Spiel gerne mit weiteren Tieren ergänzen.

Kribbel, krabbel, kribbel, krabbel,

[Finger kitzeln sachte am Arm des Babys hoch]

hier kommt der kleine Hund.

Er macht wau-wau-wau!

[Mit der Hand Sprechbewegungen machen]

Kribbel, krabbel, kribbel, krabbel,

[Finger kitzeln am Bein des Babys hoch]

hier kommt die bunte Kuh.

Sie macht muh-muh-muh!

[Wieder Sprechbewegungen mit der Hand nachahmen]

Kribbel, krabbel, kribbel, krabbel,

[Finger kitzeln das Baby am Bauch]

hier kommt das weiße Schäfchen.

Es macht mäh-mäh-mäh.

[Mit der Hand noch einmal Sprechbewegungen machen]

Die Schnecke

Ihre beiden Zeigefinger sind die Fühler der Schnecke und recken sich nach links und rechts. Zum Schluss stupsen Sie das Baby zärtlich an die Nase.

Die Schnecke sitzt im Schneckenhaus.

[Hände machen eine Faust]

Und streckt nur ihre Fühler aus.

[Beide Zeigefinger hochhalten …]

Sie schwenkt sie hin,

sie schwenkt sie her.

[… und hin und her wackeln]

Und fragt ganz leise: „Ist da wer?"

[Das Baby sachte an die Nase stupsen]

Erst kommt der Bär

Je nachdem, welches Tier gerade an der Reihe ist, gehen Ihre Finger schwer, sanft oder schnell über den Arm des Babys. Bei *„Dort isst er viele Feigen…“* streicht Ihre Hand über den Bauch des Babys. *„Dann schläft er schließlich ein“* – beim letzten Satz streichen Ihre Hände links und rechts sanft über den Kopf bis zum Kinn des Babys.

Erst kommt ein Bär,
der geht so schwer.
[Finger laufen träge und schwer über den Arm des Babys]
Dann kommt die Katze
mit der weichen Tatze.
[Finger laufen sanft über den Arm]
Da huscht dein Mäuschen,
sucht ein Häuschen.
[Finger laufen schnell über den Arm]
Zuletzt hüpft der Floh
und zwickt dich in den Po.
[Finger hüpfen über den Arm des Babys]
Dort isst er viele Feigen,
tanzt mit Kamelen Reigen.
[Mit der Hand den Bauch des Babys streicheln]
Dann schläft er schließlich ein
und aus ist's mit dem Reim.
[Das Baby sanft vom Kopf seitlich bis zum Kinn streicheln]

Hinter den Bergen

Wenn die Sonne aufgeht, öffnen Sie Ihre Faust zur Hand und lächeln beim zweiten Satz das Baby freundlich an. Bei den singenden Vöglein bewegen Sie Ihre Finger auf und ab und zum Schluss streicheln oder kitzeln Sie das Baby am Bauch.

Hinter den Bergen geht die Sonne auf.

[Die Faust langsam öffnen]

Die Sonne strahlt und sieht sehr freundlich aus.

[mit ausgestreckten Fingern winken

und dabei das Baby anlächeln]

Die Amseln singen und freuen sich auch.

[Finger zappeln hoch und runter]

Und kitzeln dich an deinem kleinen süßen Bauch.

[das Baby sanft am Bauch kitzeln]

Heile, heile Schmetterling

Das Baby sitzt idealerweise auf Ihrem Schoß. Streicheln Sie dabei sanft über die Stelle des Babykörpers, die gerade schmerzt.

Heile, heile Schmetterling,

[Sanft über die schmerzende Stelle des Babys streicheln

und das Baby dabei sanft hin und her wiegen]

ich tanze für dich und hüpfe und sing.

Ruhe dich aus und du wirst sehen,

es wird dir gleich viel besser gehen.

[Dem Baby ein Küsschen geben]

Die Marienkäferfamilie

Ihre Finger sind nun die Marienkäfer und fliegen in der Luft herum. Wenn sie ihre Flügel ausfahren, bewegen Sie Ihre Arme seitlich ausgestreckt dazu. Zum Schluss tippen Sie das Baby auf die Nase und dürfen es umarmen.

Alle meine Fingerlein,

wollen heute Marienkäfer sein.

[Finger zappeln umher]

Sie breiten ihre Flügel aus

und fliegen in die Welt hinaus.

[Arme ausbreiten und die Flügel nachahmen]

Dann machen sie eine kleine Pause

und fliegen wieder schnell nach Hause.

[Das Baby sachte auf die Nase stupsen und umarmen]

Bruder Jakob

Lächeln Sie das Baby an. Beim zweiten Satz schließen Sie die Augen und legen beide Hände als Kissen an eine Ihrer Wangen. *„Hörst du nicht die Glocken?“* – hier dürfen Sie die kleinen Ohren des Babys kitzeln und zum Schluss leicht die Nase anstupsen.

Bruder Jakob,

Bruder Jakob,

[Das Baby anlächeln]

schläfst du noch?

Schläfst du noch?

[Augen schließen, Hände übereinanderlegen und als Kissen an die Wangen halten]

Hörst du nicht die Glocken?

Hörst du nicht die Glocken?

[Die Ohren des Babys kitzeln]

Bim bam bam,

bim bam bam.

[Die Nase des Babys anstupsen]

KINDERLIEDER

Eine fast genauso wichtige und tolle Möglichkeit, mit den Kindern zu spielen und zu kommunizieren, ist das Singen von Kinderliedern. Singen ist für die Entwicklung total wichtig und bringt eigentlich nur Vorteile mit sich. Das Gehirn wird positiv stimuliert, die **Sprachentwicklung** wird spielerisch und ganz unbemerkt gefördert, die Stimmbänder werden trainiert und der tollste Effekt: Singen macht einfach **glücklich**, da dabei das Belohnungszentrum im Gehirn stimuliert wird, und Singen stärkt das **Selbstvertrauen** ungemein. Zudem wirkt ein ruhiger, sanfter Gesang **beruhigend**. Daher werden viele Babys ganz ruhig und entspannt, wenn ihnen Mama oder Papa leise eine Melodie vorsummt. Selbst Erwachsene finden es sehr entspannend, wenn sie nach einem harten Tag einfach bei leiser, stimmungsvoller Musik die Füße hochlegen können.

Wenn dann nach und nach die Kinder anfangen, allein die ihnen bekannten Liedchen zu singen, wird es nochmals sehr spannend für den Zuhörer. Denn Kinder wiederholen natürlich sehr gerne in Dauerschleife das neu Erlernte und wenn das dann im Schlaf funktioniert, wird ganz oft der Text verändert. Es ist nicht ungewöhnlich, wenn der komplette Text nur noch aus einem Wort besteht oder bestimmte Wörter durch Fantasienamen ersetzt werden. Und auch dieses Verhalten und Ausprobieren ist wichtig für die ganze sprachliche Entwicklung und auch für das Gedächtnistraining. Denn natürlich können die Kinder den richtigen Text noch immer singen, es macht ihnen nur einfach riesig Spaß, einfach das zu singen, was ihnen gerade durch den Kopf geht.

Wahrscheinlich sind die ersten Lieder einfache Gute-Nacht-Liedchen. Danach folgt eventuell ein lustiges Geburtstagslied und auch zu Weihnachten wird in vielen Familien fröhlich und regelmäßig gesungen. Und seien wir mal ehrlich, Singen macht Spaß, Singen macht glücklich, Singen befreit und Singen bringt uns zusammen. Daher ist es doch wunderschön, wenn Kinder gerne und viel singen, egal, wie gut, richtig, schräg oder schief sie das tun.

Manchmal ist es nicht möglich, ein Fingerspiel zu spielen, zum Beispiel bei einer Autofahrt. Hier bietet sich durch den Abstand jedoch an, stattdessen einfach das Kinderlied zusammen mit dem Kind zu singen. Oder zum Beispiel beim Telefonieren mit der Tante oder dem Opa ist ein Fingerspiel nicht sehr geeignet, auch hier kann zum Abschied einfach ein kleines Liedchen geträllert werden.

Alle meine Entchen

Die erste Strophe des Kinderliedes ist wohl auch das bekannteste und einfachste Kinderlied. Die Melodie hat bestimmt auch jeder Erwachsene im Kopf.

Alle meine Entchen
[Finger und Daumen bilden einen Schnabel, Hand hin und her bewegen]
schwimmen auf dem See, schwimmen auf dem See,
[Schwimmbewegungen nachahmen]
Köpfchen in das Wasser, Schwänzchen in die Höh'.
[Schnabelhand nach unten bewegen,
andere Hand schräg über der Schnabelhand halten]

Alle meine Gänschen
[Finger und Daumen bilden einen Schnabel, Hand hin und her bewegen]
watscheln durch den Grund, watscheln durch den Grund,
[beide Hände machen einen Watschelgang]
suchen in dem Tümpel, werden kugelrund.
[eine Hand suchend über die Augen legen,
mit beiden Händen eine Kugel vor dem Bauch formen]

Alle meine Hühner
[Finger und Daumen bilden einen Schnabel, Hand hin und her bewegen]
scharren in dem Stroh, scharren in dem Stroh,
[mit beiden Händen scharren]
finden sie ein Körnchen, sind sie alle froh.
[Daumen und Zeigefinger halten ein Körnchen, lächeln]

Alle meine Täubchen
[Finger und Daumen bilden einen Schnabel, Hand hin und her bewegen]
gurren auf dem Dach, gurren auf dem Dach,
[den Schnabel öffnen und schließen]
fliegt eins in die Lüfte, fliegen alle nach.
[ausgestreckte Arme hoch und runter bewegen]

Der Kuckuck und der Esel

Was gibt es Schöneres, als sich nach einem kleinen Streit wieder zu vertragen? So machen es zumindest der Kuckuck und sein Freund, der Esel.

Der Kuckuck und der Esel, die hatten einen Streit,
[beide Hände formen jeweils einen Schnabel bzw. ein Maul, zeigen zueinander und bewegen sich hin und her]
wer wohl am besten sänge,
wer wohl am besten sänge,
[die Hände abwechselnd hoch und runter bewegen]
zur schönen Maienzeit, zur schönen Maienzeit.

Der Kuckuck sprach,
„Das kann ich!", und fing gleich an zu schrei'n,
[eine Schnabelhand öffnet sich, um zu singen]
„Ich aber kann es besser, ich aber kann es besser!",
[die Maulhand öffnet sich ebenfalls]
fiel gleich der Esel ein, fiel gleich der Esel ein.

Das klang so schön und lieblich,
so schön, von fern und nah,
[einen Finger wie ein Dirigent bewegen]
sie sangen alle beide, sie sangen alle beide
[wieder jeweils eine Maulhand und eine Schnabelhand bilden ...]
„Kuckuck, kuckuck, i-ah, i-ah,
kuckuck, kuckuck i-ah."
[... und diese öffnen und schließen]

Brüderchen, komm tanz' mit mir

Zu diesem süßen Lied darf auch gerne getanzt werden.

Brüderchen, komm tanz' mit mir!
[mit einem Finger auf das Baby zeigen]
Beide Hände reich ich dir.
[Babys Hände nehmen]
Einmal hin, einmal her,
rundherum, das ist nicht schwer.
[hin und her bewegen]

Mit dem Köpfchen nick, nick, nick!
[mit dem Kopf nicken]
Mit den Fingerchen tik, tik, tik.
[mit den Fingern auf den Tisch klopfen]
Einmal hin, einmal her,
rundherum, das ist nicht schwer.
[Babys Hände nehmen und hin und her bewegen]

Mit den Füßchen trab, trab, trab!
[leichte Stampfbewegungen mit den Füßen des Babys machen]
Mit den Händen klapp, klapp, klapp.
[in die Hände klatschen]
Einmal hin, einmal her,
rundherum, das ist nicht schwer.
[Babys Hände nehmen und hin und her bewegen]

Noch einmal das schöne Spiel,
[im Takt auf die eigenen Oberschenkel klopfen]
weil es uns so gut gefiel!
[in die Hände klatschen]
Einmal hin, einmal her,
rundherum, das ist nicht schwer.
[Babys Hände nehmen und hin und her bewegen]

Mein Hut, der hat drei Ecken

Kurz und einfach, aber auch ein absoluter Klassiker.

Mein Hut, der hat drei Ecken,

[auf den Kopf zeigen]

drei Ecken hat mein Hut.

[an einer Hand drei Finger abzählen]

Und hätt' er nicht drei Ecken,

[mit den Schultern zucken]

so wär' er nicht mein Hut.

[den Kopf schütteln]

Ringel, Ringel, Reihe

Hier können Sie das Baby an seinen Händchen halten und die Arme hin und her bewegen.

Ringel, Ringel, Reihe, sind der Kinder viele.

[Das Baby an seinen Händen halten, hin und her bewegen]

Sitzen unterm Holderbusch,

[Hände nach unten halten]

rufen alle husch, husch, husch.

[im Takt die Hände hoch und runter bewegen]

Häschen in der Grube

Zu Beginn streicheln Sie das Baby am Kopf, dann an den Schultern. Zum Schluss können Sie mit dem Baby auf dem Arm leicht auf und ab hüpfen.

Häschen in der Grube,
saß und schlief,
saß und schlief.
[über den Kopf des Babys streicheln]

Armes Häschen,
bist du krank,
dass du nicht mehr hüpfen kannst?
[über die Schultern streicheln]

Häschen hüpf,
Häschen hüpf,
Häschen hüpf.
[mit dem Baby auf dem Arm leicht hüpfen,
alternativ die Beinchen bewegen]

Summ, summ, summ, Bienchen summ herum

Ihre Finger sind die Biene und fliegen um das Baby herum und dann vom Baby weg.

Summ, summ, summ.

Bienchen summ herum.

[Daumen und Zeigefinger bilden die Biene und fliegen um das Baby herum]

Ei, wir tun dir nichts zu Leide.

[Vor dem Baby hin und her fliegen]

Flieg' nun aus in Wald und Heide.

[Vom Baby wegfliegen]

Summ, summ, summ.

Bienchen summ herum.

[Vor dem Baby hin und her fliegen]

Schlaf, Kindlein, schlaf!

Beim ersten Vers zeigen Sie dem Baby Ihren linken Daumen, das ist der Vater, und dann den rechten Daumen, der die Mutter spielt. Dann zappeln alle Finger von oben auf das Baby und streicheln es. Beim zweiten Vers zeigen Sie in den Himmel und machen mit einem Finger Punkte in die Luft, dies sind dann die vielen Sterne. Beim dritten Vers streicheln Sie dem Baby über die Wangen und dürfen ihm zum Schluss einen Kuss geben.

Schlaf' Kindlein, schlaf'!
[mit dem linken Daumen wackeln]
Der Vater hüt't die Schaf,
die Mutter schüttelt's Bäumelein,
[mit dem rechten Daumen wackeln]
da fällt herab ein Träumelein.
[alle Finger zappeln von oben nach unten ...]
Schlaf' Kindlein, schlaf'!
[... und streicheln das Baby]

Schlaf' Kindlein, schlaf'!
[In den Himmel zeigen ...]
Am Himmel zieh'n die Schaf'.
[mit einem Finger Punkte in die Luft setzen]
Die Sternlein sind die Lämmerlein,
der Mond, der ist das Schäferlein.
[mit den Händen einen Kreis = Mond formen]
Schlaf' Kindlein, schlaf'!
[das Baby streicheln]

Schlaf' Kindlein, schlaf'!
[Dem Baby über die Wangen streicheln]
So schenk' ich dir ein Schaf,
mit einer goldnen Schelle fein,
[über den Bauch streicheln]
das soll dein Spielgeselle sein.
Schlaf' Kindlein, schlaf'!
[Dem Baby ein Küsschen geben]

GUTE-NACHT-GESCHICHTEN

In vielen Familien gehört die Gute-Nacht-Geschichte zum täglichen, gewohnten **Ritual**. Die kleinen Kinder können sich darauf einstellen, dass der Tag nun langsam endet, und dürfen neben Mama oder Papa zur Ruhe kommen. Auch für ältere Kinder ist die Gute-Nacht-Geschichte oft noch sehr wichtig, denn auch sie genießen dann die **Aufmerksamkeit** und gleichzeitig auch die **Ruhe**, um mit einem aufregenden Tag abschließen zu können. Oft ist hierbei noch Zeit für kleine Gespräche und zum Kuscheln. Und selbst, wenn die ganz Kleinen die Geschichten inhaltlich vielleicht noch nicht verstehen können, geben sie ihnen die nötige Routine und Sicherheit, um sanft und friedlich in den Schlaf zu finden.

In einem Hafen

In einem Hafen wohnt ein kleines Mäuschen.

[Zeige- und Mittelfinger sind die Mäusebeinchen und laufen am Arm des Babys hoch]

Sie kann einfach nicht schlafen.

[am anderen Arm wieder herunterlaufen]

Sie putzt die Fensterchen.

[am Beinchen hochlaufen]

Sie kehrt das Häuschen.

[am anderen Beinchen wieder herunterlaufen]

Sie gießt die Blumen.

[über den Babybauch laufen]

Und isst ein paar Brotkrumen.

[das Baby am Bauch sanft kitzeln]

Doch plötzlich wird es ganz ruhig.

[die Hand auf den Babybauch legen]

In ihrem Hafen ist das Mäuschen
ganz wohlig eingeschlafen.

[das Baby leicht streicheln]

Der kleine Uhu

Auf einem Baum, nicht weit von hier,
saß einmal ein kleiner Uhu.

Am Tag hatte er die Augen zu.

[die Augen zuhalten]

Er schlief ganz tief und fest.

Manchmal hüpfte er dabei von einem
auf das andere Bein.

[jeweils ein Beinchen des Babys antippen]

Und wenn es dunkel wurde, da wachte der Uhu auf.

[Augen kurz schließen und wieder öffnen]

Ganz leise flog er von Fenster zu Fenster,
schaute hinein und rief:

[mit den Armen Flügelbewegungen nachahmen]

„Uhu, Uhu, mache deine Augen zu.
Es wird Zeit, sich auszuruhen,

[die Augen des Babys vorsichtig zuhalten]

morgen gibt es wieder viel zu tun."

[das Baby sanft über die Wangen streicheln]

Fingerspiele & Sprache in der Krippe & Kindergarten

WER BIN ICH? MEINEN KÖRPER KENNENLERNEN

Wie viele Finger sind an einer Hand? Wie heißt der Finger in der Mitte? Wo sind die Ohren? All diese Fragen können unter anderem mit kleinen Fingerspielen rund um Hände und Füße geklärt werden. Diese sind auch sehr beliebt in den Kindertagesstätten oder Krabbelgruppen. Spielerisch wird hier den Kindern das Zählen und das Benennen von Fingern und Körperteilen erläutert. Um sich etwas spezieller auf Hände und Füße einzustimmen, wurden nachfolgend ein paar Beispiele dazu notiert.

Der Apfel

Fünf Finger stehen hier und fragen:

Wer kann wohl den Apfel tragen?

[alle Finger einer Hand hochhalten]

Der erste Finger kann es nicht,

[den Daumen antippen]

der zweite sagt: Zu viel Gewicht!

[den Zeigefinger antippen]

Der Dritte kann ihn auch nicht heben,

[den Mittelfinger antippen]

der Vierte schafft das nie im Leben!

[den Ringfinger antippen]

Der fünfte Finger aber spricht:

Ganz allein? So geht das nicht!

[den kleinen Finger antippen]

Gemeinsam heben kurz darauf fünf Finger

diesen Apfel auf.

[mit der ganzen Hand eine Greifbewegung machen]

Finger und Farben

Das ist der Daumen, der sagt:

„Ich bin weiß wie Schnee!"

[den Daumen zeigen]

Das ist der Zeigefinger, der sagt:

„Ich bin grün wie Klee!"

[den Zeigefinger zeigen]

Das ist der Mittelfinger, der sagt:

„Ich kann blau wie der Himmel sein!"

[den Mittelfinger zeigen]

Das ist der Ringfinger, der sagt:

„Ich bin gelb wie der Sonnenschein!"

[den Ringfinger zeigen]

Das ist der kleine Finger, der sagt:

„Ich bin rot wie Mamas Mund!"

[den kleinen Finger zeigen]

Alle Finger sagen: „Wir sind kunterbunt!"

[alle Finger zappeln gemeinsam hin und her]

Zippel, zappel Fingerlein

Sie können mit den Fingern passend zum Text hin und her zappeln, zum Schluss müssen alle Finger still stehen.

Zippel, zappel Fingerlein

[alle Finger zappeln hoch und runter]

wollen gar nicht stille sein.

Zappeln hin und zappeln her

[alle Finger zappeln hin und her]

und geben keine Ruhe mehr.

Fingerlein jetzt aber still,

[mit dem Zeigefinger drohen]

weil ich Euch was sagen will:

Nochmal hin, nochmal her,

[alle Finger zappeln hin und her]

doch jetzt gibt's kein Gezappel mehr.

[Hände hinter dem Rücken verstecken]

Zehn Finger haben wir

1, 2, 3, 4, 5, 6, 7, 8, 9, 10

[die Finger alle abzählen]

Zehn Finger haben wir.

[alle Finger zeigen und zappeln]

An beiden Händen hier.

[Hände zeigen und bewegen]

Seht, wie freundlich sie sind,

[Finger zappeln lassen]

sie spielen mit jedem Kind.

[Finger beider Hände zeigen zueinander und spielen miteinander]

Beugen und strecken sich,

[Finger einknicken und wieder lang machen]

grüßen sich freundlich.

[winken]

Legen sich Hand in Hand.

[eine Hand in die andere Hand legen]

Falten sich gewandt,

[Hände falten]

wollen nun nichts mehr tun,

[hinter dem Rücken verstecken]

nur noch im Bettchen ruh'n.

Guten Morgen, ihr Beinchen

Hier können Sie zuerst den linken, dann den rechten Fuß heben, zum Schluss ordentlich stampfen.

Guten Morgen, ihr Beinchen, wie heißt ihr denn?

[die Beine des Babys umfassen]

Ich heiße Hampel

[zuerst das eine Bein ...]

und ich heiße Strampel,

[... dann das andere Bein hochhalten]

ich bin das Füßchen Übermut

[zuerst den einen Fuß ...]

und ich bin das Füßchen Tunichtgut.

[... dann den anderen Fuß hochhalten]

Übermut und Tunichtgut gehen auf die Reise,
patsch!

[beide Füße nach oben und unten bewegen]

Durch alle Sümpfe,
nass sind Schuh' und Strümpfe.

[die Fußsohlen streicheln]

Guckt die Mama um das Eck,
laufen sie schnell weg.

[Füße des Babys mit den eigenen Händen umschließen und so verstecken]

Mit meiner kleinen Hand

Passend zum Text ballen Sie Ihre Hände zur Faust, klatschen, wischen und streicheln.

Mit meiner kleinen Hand,
[Dem Baby die eigene Hand zeigen]
sag ich dir allerhand:
Ich balle wütend eine Faust.
[Hand zur Faust machen]
Hurra! ich klatsche laut Applaus.
[in die Hände klatschen]

Ich wische meine Tränen ab,
[symbolisch eine Träne aus dem Gesicht wischen]
ich streichle dich, weil ich dich so mag.
[das Baby streicheln]
Ich ärgere und ich kneife dich,
[das Baby kitzeln]
wenn es juckt, dann kratz' ich mich.
[sich selbst am Arm kratzen]

Hatschi!, schnell die Hand vorn Mund,
[Niesgeräusch machen und die Hand vor den Mund halten]
den Bauch reib ich und werd gesund.
[über den eigenen Bauch streicheln]
Müde reibe ich mir die Augen,
[die Augen reiben]
würde gern am Daumen saugen.
[den Daumen vor den Mund halten]

Ich winke und sag „Auf Wiedersehen!"
[winken]

Sturz in den Brunnen

Sie beginnen beim Daumen und zeigen nacheinander alle anderen Finger. Der kleine Finger ist der Schelm.

Der ist in den Brunnen gefallen,

[mit dem Daumen wackeln]

der hat ihn wieder rausgeholt,

[mit dem Zeigefinger wackeln]

der hat ihn ins Bett gelegt,

[mit dem Mittelfinger wackeln]

der hat ihn zugedeckt

[mit dem Ringfinger wackeln]

und der kleine Schelm da

[mit dem kleinen Finger wackeln]

hat ihn wieder aufgeweckt!

Zwei Füße sagen „Guten Tag"

Hier dürfen Sie aktiv mit den Zehen wackeln, laufen und die Fußspitzen aneinanderstoßen lassen.

Zwei Füße sagen sich „Guten Tag!",
[deutlich erst mit einem,
dann mit dem anderen Fuß stampfen]
macht alle mit, wer's von euch mag.

Sie wackeln beide mit den Zehen,
[mit den Zehen wackeln]
weil sie sich so gut verstehen.

Die Füße neigen sich zur Erde
[auf der Stelle gehen]
und laufen fort dann wie zwei Pferde.

Danach schau'n sie sich beide an,
[die Füße nach innen drehen,
sodass die Zehen sich berühren]
weil einer den anderen gut leiden kann.

Und geben sich dann noch zum Schluss,
[ein Fuß tippt den anderen Fuß an]
einen langen Abschiedskuss.

Mein Kopf

Mein Kopf ist kugelrund,

[mit dem Finger auf den Kopf zeigen]

mit einem wunderschönen Mund.

[auf den Mund deuten]

Die Finger zappeln hin und her,

[mit den Fingern hin und her zappeln]

stillhalten, das fällt ihnen schwer.

Auch die Beine bleiben selten stehen,

[auf die Beine zeigen]

sie wollen immer weitergehen.

[auf der Stelle gehen]

Meine Zunge streck ich raus,

[Zunge herausstrecken]

das Fingerspiel, das ist jetzt aus.

[Hände hinter dem Rücken verstecken]

Das bin ich und das bist du

Ein tolles Spiel, um die Kinder mit den Körperteilen vertraut zu machen. Intuitiv können Sie hierbei einfach auf jede genannte Stelle mit dem Finger zeigen oder diese antippen.

Ich bin ich und du bist du,
[auf sich selbst zeigen, auf den Mitspieler zeigen]
von den Haaren bis zum Schuh.
[auf den Kopf deuten, auf die Füße zeigen]

Ich schaue mich im Spiegel an:
[eine Hand als Spiegel vor das Gesicht halten]
Was ist alles an mir dran?

Auf dem Kopf, da wächst mein Haar, [an die Haare fassen]
rechts und links das Ohrenpaar. [auf die Ohren tippen]

Von den Augen hab ich zwei, [an die Augen zeigen]
die Wimpern, die sind mit dabei. [deutlich blinzeln]

Genauso wie ein Hase, [auf die Nase zeigen] hab ich eine Nase.

Einen kugelrunden Bauch [den Bauch streicheln]
und zwei Arme hab ich auch. [die Arme wegstrecken]

Hab Hände zum Klatschen [in die Hände klatschen]
oder zum Matschen. [Knetbewegungen machen]

Auf meinen Füßen kann ich stehen, [auf die Füße zeigen]
mit den Beinen kann ich gehen. [auf die Oberschenkel klopfen]

Sitzen tu ich auf dem Po, [auf den Po tätscheln]
wackeln kann der sowieso. [mit dem Po wackeln]

Das bin ich und das bist du,
[auf sich selbst zeigen, auf den Mitspieler zeigen]
von den Haaren bis zum Schuh.
[auf den Kopf deuten, auf die Füße zeigen]

DIE KLASSIKER DER FINGERSPIELE

Ich hab ein kleines Kasperlhaus

Formen Sie zuerst mit den Händen ein Haus und schauen Sie dann hindurch. Der Daumen Ihrer einen Hand ist der Kasperl, die andere Hand ist das Krokodil. Wenn der Kasperl ins Fass huscht, verstecken Sie den Daumen in Ihrer Hand, die andere Hand sucht nun um die Faust herum und geht dann weg. Zum Schluss den Kasperl als Ihren Daumen wieder herauslassen.

Ich hab' ein kleines Kasperlhaus,
[mit den Händen ein Haus formen]
da schaut der Kasperl zum Fenster 'raus.
[durch das Haus hindurch schauen]
Da kommt ein großes Krokodil,
[eine Hand formt ein Krokodilmaul, geht auf und zu]
das meinen Kasperl fressen will!
[der Daumen der anderen Hand ist der Kasperl, zappelt hin und her]
Der Kasperl wird vor Schreck ganz blass
[der Daumen steht ganz still]
und schlüpft schnell in ein großes Fass.
[der Daumen verschwindet in den Fingern]
Das Krokodil schaut hin und her
[Krokodilhand schaut sich suchend um]
und findet keinen Kasperl mehr!
Da geht das Krokodil nach Haus,
[Krokodilhand geht weg]
der Kasperl schlüpft vom Fass heraus.
[Daumen kommt wieder heraus]
Der Kasperl lacht hi hi hi,
[der Daumen zappelt fröhlich hin und her]
du Krokodil fängst mich so nie.

Mein Häuschen

Mit den Händen formen Sie ein Haus und machen es etwas schräg. Dann pusten Sie hindurch, das Haus stürzt ein. Zum Schluss sind Ihre Hände wieder ein Haus.

Mein Häuschen ist nicht gerade,

[Hände formen ein Haus, etwas schief]

ist das aber schade!

Mein Häuschen ist ein bisschen krumm,

[Haus krümmt sich in die andere Richtung]

ist das aber dumm!

Huu – bläst der Wind herein,

[das Haus anpusten]

bautz – fällt das ganze Häuschen ein!

[Hände fallen zusammen]

1, 2, 3, schaut nur, schaut!

[Finger zappeln lassen]

Jetzt ist es wieder aufgebaut!

[Hände formen noch einmal ein Haus]

Himpelchen und Pimpelchen

Absoluter Klassiker, bei dem Ihre beiden Daumen die Hauptakteure sind.

[Beide Hände zu Fäusten ballen und senkrecht vor den Körper halten]
Himpelchen und Pimpelchen,
[beide Daumen nach oben strecken]
die stiegen auf einen hohen Berg.
[Daumen nach oben bewegen]
Himpelchen war ein Heinzelmann
[mit dem linken Daumen wackeln]
und Pimpelchen ein Zwerg.
[mit dem rechten Daumen wackeln]

Sie blieben lange dort oben sitzen
[mit den Händen eine Zipfelmütze auf dem Kopf andeuten]
und wackelten mit ihren Zipfelmützen.

Doch nach vielen langen Wochen
[Daumen in die Fäuste stecken]
sind sie in den Berg gekrochen.

Schlafen dort in guter Ruh.
[Augen schließen]
Seid mal still und hört gut zu!
[Finger auf den Mund legen, flüstern]

Ch ch ch ch ch...
[schnarchen]
Heißa, heißa, hopsassa,
[Daumen wieder zeigen und mit ihnen tanzen]
Himpelchen und Pimpelchen sind wieder da!

Wir spielen und fangen lustig an

Mit dem jeweiligen Finger können Sie dabei rhythmisch auf den Tisch klopfen.

Wir spielen, wir spielen
[mit dem Daumen rhythmisch auf den Tisch klopfen]
und fangen lustig an.
Und wenn der Daumen nicht mehr kann,
dann kommt der Zeigefinger dran.

Wir spielen, wir spielen
[mit dem Zeigefinger rhythmisch auf den Tisch klopfen]
und fangen lustig an.
Und wenn der Zeigefinger nicht mehr kann,
dann kommt der Mittelfinger dran.

Wir spielen, wir spielen
[mit dem Mittelfinger rhythmisch auf den Tisch klopfen]
und fangen lustig an.
Und wenn der Mittelfinger nicht mehr kann,
dann kommt der Ringfinger dran.

Wir spielen, wir spielen
[mit dem Ringfinger rhythmisch auf den Tisch klopfen]
und fangen lustig an.
Und wenn der Ringfinger nicht mehr kann,
dann kommt der kleine Finger dran.

Wir spielen, wir spielen
[mit dem kleinen Finger rhythmisch auf den Tisch klopfen]
und fangen lustig an.
Und wenn der kleine Finger nicht mehr kann,
dann nehmen wir die ganze Hand.
[mit der flachen Hand auf den Tisch klopfen]

Streitende Zwerge

Tippen Sie nacheinander Ihre Finger an, beginnend mit dem Daumen. Zum Schluss führen Sie den imaginären Kloß zu Ihrem Mund und machen Schmatzgeräusche.

Dort oben auf dem Berge,
[mit dem Finger nach oben in den Himmel zeigen]
da ist der Teufel los.
Da streiten sich fünf Zwerge
[Finger einer Hand wild zappeln lassen]
um einen großen Kloß.
[mit den Händen einen Kloß formen]

Der Erste will ihn haben,
[mit dem Daumen wackeln]
der Zweite lässt ihn los,
[mit dem Zeigefinger wackeln]
der Dritte fällt in' Graben,
[mit dem Mittelfinger wackeln]
dem Vierten platzt die Hos'.
[mit dem Ringfinger wackeln]
der Fünfte schnappt den Kloß
[mit dem kleinen Finger wackeln]
und isst ihn auf mit Soß'.
[einen mit den Händen geformten Kloß zum Mund führen und schmatzen]

Alle meine Fingerlein

Ihre Hände flattern passend zum Text durch die Luft, formen auf dem Kopf des Kindes ein Nest und streicheln zum Schluss über die Haare.

Alle meine Fingerlein

[Hände flattern durch die Luft]

wollen heute Vögel sein.

Sie fliegen hoch, sie fliegen nieder,

[Hände flattern hoch und runter]

sie fliegen fort, sie kommen wieder.

[Hände flattern hinter den Rücken, kommen wieder hervor]

Sie bauen sich im Wald ein Nest,

[über dem Kopf des Kindes mit den Händen ein Nest formen]

dort schlafen sie dann tief und fest.

[über den Kopf und die Haare des Kindes streicheln]

Erst kommt die Schnecke

Mit dem Finger krabbeln Sie den Arm des Kindes hinauf bis zum Gesicht, dann an die Nase stupsen. Nun krabbeln Sie weiter über den Kopf und zum Schluss über den Bauch.

Erst kommt die Schnecke

[zwei Finger krabbeln am Arm des Kindes hoch]

und kriecht um die Ecke.

Dann kommt der Hase

und zwickt dich in die Nase.

[das Kind sanft an der Nase stupsen]

Jetzt kommt der Zwerg,

[die Finger krabbeln über den Kopf des Kindes]

der klettert übern Berg.

Zum Schluss kommt der Floh

[die Finger krabbeln über den Bauch]

und zwickt dich in den Po!

[das Kind sachte in den Po zwicken]

Komm her, ich denk' mir etwas aus

Formen Sie mit den Händen ein Dach. Zeigen Sie nun dem Kind alle fünf Finger und tippen Sie passend zum Text den jeweiligen Finger an, beginnend mit dem Daumen. Zum Schluss krabbeln Sie mit allen Fingern über den Arm des Kindes.

Komm her, ich denk mir etwas aus
[die Hände formen ein Dach]
und zeige dir ein Mäusehaus.

Fünf Mäuse wohnen hier allein,
[alle fünf Finger leicht zappeln lassen]
die finden dieses Haus sehr fein.

Die Erste ist die faule Maus, [den Daumen antippen]
schaut immer nur zum Fenster raus.

Die Zweite ist der Mäusekoch, [den Zeigefinger antippen]
rührt in der Suppe immer noch.

Die Dritte macht die Wohnung rein,
[den Mittelfinger antippen]
das kann sie wirklich sehr, sehr fein.

Die Vierte denkt sich etwas aus, [den Ringfinger antippen]
ja, das ist unsre schlaue Maus.

Die Fünfte, unsere Kleine, [den kleinen Finger antippen]
macht gern die Schuhe reine.

Alle fünf, sie krabbeln munter,
[alle fünf Finger zappeln lassen]
die lange Treppe rauf und runter.
[alle Finger krabbeln den Arm des Kindes hoch und runter]

Zehn kleine Zappelfinger

Zappeln Sie mit allen zehn Fingern hin und her, rauf und runter und im Kreis. Bei *„... spielen gern Versteck“* die Hände hinter dem Rücken verstecken und zum Schluss kommen alle Finger wieder hervor.

Zehn kleine Zappelfinger zappeln hin und her,
[alle zehn Finger zappeln hin und her]
zehn kleinen Zappelfingern
fällt das gar nicht schwer.

Zehn kleine Zappelfinger zappeln auf und nieder,
[alle zehn Finger zappen hoch und runter]
zehn kleine Zappelfinger tun das immer wieder.

Zehn kleine Zappelfinger zappeln ringsherum,
[alle zehn Finger zappeln im Kreis herum]
zehn kleine Zappelfinger fallen plötzlich um.

Zehn kleine Zappelfinger spielen gern Versteck,
[alle Finger hinter dem Rücken verstecken]
zehn kleine Zappelfinger sind auf einmal weg.

Zehn kleine Zappelfinger rufen laut „Hurra“,
[alle zehn Finger kommen wieder aus ihrem Versteck]
zehn kleine Zappelfinger, die sind wieder da.
[alle Finger zappeln wild herum]

Der Osterhase

Zeigen Sie nacheinander alle Finger und beginnen Sie auch hier wieder mit dem Daumen.

[Zeige- und Mittelfinger der ersten Hand bilden die Hasenohren]
Fünf Männlein sind in den Wald gegangen,
[alle Finger der zweiten Hand zappeln lassen]
die wollten den Osterhasen fangen.

Das Erste, das war so dick wie ein Fass,
[mit dem Daumen der zweiten Hand wackeln]
das brummte immer „Wo ist der Has?"

Das Zweite rief: „Sieh da, sieh da!
[mit dem Zeigefinger der zweiten Hand wackeln]
Da ist er ja, da ist er ja!"

Das Dritte war das allerlängste,
[mit dem Mittelfinger wackeln]
doch leider auch das allerbängste,
das fing gleich an zu weinen:
„Ich sehe keinen, ich sehe keinen!"

Das Vierte sagte: „Das ist mir zu dumm,
[mit dem Ringfinger wackeln]
ich mach nicht mehr mit, ich kehr wieder um!"

Das Kleinste aber, das hat's geschafft,
[mit dem kleinen Finger wackeln]
das hat den Hasen nach Hause gebracht.
[der kleine Finger fängt nun den Hasen
bzw. die zwei Finger der ersten Hand]
Da haben alle Leute gelacht.

Daumen Knuddeldick

Formen Sie eine Faust und verstecken Sie darin den Daumen. Nun drohst du mit dem Zeigefinger. Danach zeigen Sie auf den dritten Finger. Nun deuten Sie die Bewegung des Ringansteckens an. Zum Schluss zappeln Sie mit dem kleinen Finger.

Dies ist der Daumen Knuddeldick, [mit dem Daumen wackeln]
das sieht man auf den ersten Blick.
Und macht das Kind ein Fäustchen, [eine Faust machen und ...]
kriecht Knuddeldick ins Häuschen.
[... den Daumen darin verstecken]

Der Zeigefinger, der ist klug, [mit dem Zeigefinger wackeln]
der droht, wenn jemand Unfug tut. [mit dem Zeigefinger drohen]
Bringt unser Kind zum Lachen
[mit dem Zeigefinger Kitzelbewegungen machen]
beim Kille-kille machen.

Der Dritte ist der Größte hier, [mit dem Mittelfinger wackeln]
viel größer als die andern vier.
Da kann er schön bewachen,
[der Mittelfinger stupst den Zeige- und den Ringfinger an]
was seine Brüder machen.

Der Vierte ist ein eitles Ding, [mit dem Ringfinger wackeln]
der trägt am liebsten einen Ring
[mit den Fingern der anderen Hand einen Ring um den Ringfinger malen]
und schmückt er sich zum Feste, denkt
es, er wär' der Beste.

Von allen Fingern kommt zum Schluss,
[mit dem kleinen Finger wackeln]
der winzig kleine Pfiffikus.
Der wedelt mit dem Schwänzchen,
[den kleinen Finger leicht krümmen und zappeln]
beim frohen Fingertänzchen.

IM WANDEL DER NATUR: FINGERSPIELE UND DIE JAHRESZEITEN

Die folgenden Spiele sind speziell für die jeweilige Jahreszeit, um den Kindern ein Gefühl für Frühling, Sommer, Herbst und Winter zu vermitteln. Im Frühling blühen die Blumen und summen die Bienen. Der Sommer behandelt die Sonne, im Herbst wird von bunten Blättern erzählt und die Eichhörnchen werden aktiv. Der Winter hat natürlich den Schnee und das Schlittenfahren zum Thema.

FRÜHLING

Aus der Erde wächst das Gras

Hier benötigen Sie beide Hände. Die eine ist der Schmetterling, die andere Hand die Knospe.

Aus der Erde wächst das Gras,
[Finger der rechten Hand zappeln von unten]
Regen macht es pitschenass.
[die Finger der linken Hand zappeln von oben]
Kommt der liebe Sonnenschein
[die Finger der linken Hand spreizen]
lockt hervor ein Blümelein.
[Fingerspitzen der rechten Hand aneinanderlegen]
Bald schon springt die Knospe auf,
[die rechte Hand etwas öffnen]
setzt ein Schmetterling sich drauf.
[die linke Hand deutet durch Öffnen und Schließen den Schmetterling an; die linke Hand landet auf der rechten Hand, welche die Blüte darstellt.]
Beide wiegen sich im Wind,
[beide Hände werden zusammen hin und her gewogen]
Falter flattert fort geschwind.
[die linke Hand fliegt hinter den Rücken mit auf- und zu-Bewegungen; die rechte Hand bleibt offen]
Nun ist das Blümelein allein
[die rechte Hand schließt sich]
ruhig schläft es wieder ein.

Halli Hallo, der März beginnt

Hier beginnen Sie mit Winken, Pusten und Fahrradbewegungen mit der Hand. Beim zweiten Absatz gehen Ihre Finger rauf und runter, Sie spielen eine Flöte und zum Schluss winken Sie noch einmal den Kindern zu.

Halli, hallo, der März beginnt,

[mit einer Hand winken]

Da bläst der warme Frühlingswind.

[pusten]

Das Fahrrad hol' ich aus dem Keller,

[mit den Händen Fahrradbewegungen machen]

Radle und klingle immer schneller.

[dabei immer schneller werden]

Den Berg hinauf, den Berg hinunter,

[Hände bewegen sich hoch und runter]

Da werden alle Kinder munter.

Die Vögel zwitschern, der Kuckuck schreit.

[mit den Fingern ein Flötenspiel simulieren]

Halli, hallo, ist's Frühlingszeit.

[winken]

Die Biene

Zu Beginn formen Sie mit den Händen ein Dach und lassen dann die Hände flattern. Ab *„Sie fliegt zum kleinen Veilchen"* strecken Sie beginnend mit dem Daumen nacheinander alle Finger aus. Der kleine Finger kommt beim Satz *„Nun brummt sie zum Schluss …"* dran. Beim letzten Satz wieder ein Häuschen formen.

Die Biene kommt aus ihrem Haus,
[mit den Händen ein Dach über dem Kopf formen]
fliegt in die Frühlingsluft hinaus.
[eine Hand auf und ab fliegen lassen]

Sie fliegt zum lila Veilchen,
wartet dort ein Weilchen.
[den Daumen ausstrecken]

Dann steckt sie ihr Gesicht
in das Vergissmeinnicht.
[den Zeigefinger ausstrecken]

Jetzt fliegt sie zum Narzissenbeet,
[den Mittelfinger ausstrecken]
dann dorthin, wo die Tulpe steht.
[den Ringfinger ausstrecken]

Nun brummt sie zum Schluss
zum dunkelblauen Krokus.
[den kleinen Finger ausstrecken]

Sie fliegt zurück ins Bienenhaus
[mit den Händen ein Dach über dem Kopf formen]
zu einem leckeren Honigschmaus.
[die Lippen ablecken und den Bauch reiben]

Hab' ein Beet im Garten

Beim ersten Absatz ahmen Sie mit den Händen das Harken und Streuen nach. Beim zweiten Absatz gehen die Arme über Ihren Kopf, die ausgestreckten Finger sind die Sonnenstrahlen. Die nun nach unten zeigenden Fingerspitzen stellen den Regen dar. Beim dritten Absatz wächst langsam ein Finger der Hand in die Höhe. Beim letzten Absatz lassen Sie Ihre Finger nach oben schauen und die Hände gehen langsam nach oben auseinander.

Hab' ein Beet im Garten klein, hark' es fleißig über.
[mit der Hand Harkbewegungen nachahmen]
Streu' die winz'gen Samen rein, decke Erde drüber.
[mit der Hand Streubewegungen machen]

Geht die liebe Sonne auf, wärmt das Beet mit Strahlen.
[Hände über den Kopf halten, zur Seite nach unten führen,
dabei mit den Fingern wackeln]
Regentropfen fallen drauf, keimen bald die Samen.
[Finger von oben nach unten zappeln lassen]

Da erwacht das Pflänzlein klein,
streckt die Wurzeln unter,
[eine Hand vor den Körper mit der Handinnenfläche nach unten,
die andere Hand ist darunter und zappelt mit den Fingern]
reckt das Hälmchen in die Höh',
schaut hervor ganz munter.
[die Hand umdrehen, so dass die Handinnenfläche nach oben zeigt,
die andere Hand nun darüber und die Finger zappeln lassen]

Immer höher wächst es nun,
[die Fingerspitzen zeigen oben, zappeln immer höher]
Sonnenstrahlen glühen,
bis die Knospen eines Tages wundervoll erblühen.
[beide Hände formen eine Knospe, welche sich langsam nach oben hin öffnet]

Auf der Wiese steht ein Baum

Ihre Faust zeigt nach oben und symbolisiert den kahlen Baum. Ihre andere Hand ist nun die Sonne und strahlt den Baum an. Ihre Faust öffnet sich und streckt die Finger von sich. Der Zeigefinger Ihrer anderen Hand wird zur Amsel und setzt sich auf einen Ast.

Auf der Wiese steht ein Baum,

[Hand bildet eine Faust, zeigt nach oben]

Noch vom Winter kahl und braun.

Schickt die Sonne ihre Strahlen,

[Finger der anderen Hand spreizen und
um die Faust kreisen lassen]

Das wird unser'm Baum gefallen.

Hurtig fängt er an, zu blüh'n

[die Baum-Faust öffnet sich langsam]

Und die Blätter werden grün.

Kommt die Amsel, setzt sich nieder,

[Zeigefinger der anderen Hand setzt sich auf den Baum]

Zwitschert frohe Frühlingslieder.

Zwitschert, singt und tiriliert,

[den Finger leicht zappeln lassen]

Freut sich, weil es Frühling wird.

SOMMER

Die liebe Sonne

Passend zum Text zappelt zuerst Ihr Daumen, dann Ihr Zeigefinger und zum Schluss alle Finger um die Wette.

Fünf Fingerlein, die schliefen fest
wie Vögelein in ihrem Nest
[eine Hand macht eine Faust, die andere umschließt sie]

Da kam die liebe Sonne vom Himmel herab,
[die umschließende Hand wird nun die Sonne,
dabei die Finger ausstrecken und zappeln]
Davon ist der Daumen zuerst aufgewacht.
[den Daumen der Faust-Hand ausstrecken]
Der reckt sich und streckt sich und ruft dann erfreut:
„Guten Morgen, liebe Sonne, schön ist es heut!"

Er klopfte dem Zweiten auf die Schulter ganz sacht,
[der Daumen tippt den Zeigefinger an]
Da ist er aufgewacht.
[Zeigefinger streckt sich langsam]
Der reckt sich und streckt sich und ruft dann erfreut:
„Guten Morgen, liebe Sonne, schön ist es heut!"

Da haben die beiden gescherzt und gelacht,
[Daumen und Zeigefinger zappeln lassen]
Davon sind die drei anderen auch aufgewacht.
[die anderen drei Finger strecken sich langsam]
Die recken sich und strecken sich und rufen erfreut:
[alle Finger zappeln zusammen]
„Guten Morgen, liebe Sonne, schön ist es heut!"
[der Sonne zuwinken]

Pusteblume

Ihre Faust ist die Blume, pusten Sie sie an und öffnen Sie die Hand nun langsam. Ihre Finger fliegen nun in die Höhe.

Pusteblume auf der Wiese

[eine Hand zur Faust machen]

puste, puste kleine Liese,

[die Faust anpusten]

dass die weißen Stengel fliegen

[Faust langsam öffnen]

sich im blauen Himmel wiegen.

[Finger zappeln langsam nach oben]

Regen und Gewitter

Ihre Finger tippeln immer heftiger auf den Tisch. Den Blitz malen Sie mit einem Finger in die Luft, beim Donner klatschen Sie in die Hände. Zum Schluss mit Ihren Händen ein Dach formen und danach eine Sonne.

Es tröpfelt.

[Finger tippen ganz langsam auf den Tisch]

Es regnet.

[Finger tippen etwas schneller auf den Tisch]

Es gießt.

[Finger tippen ganz schnell auf den Tisch

Es hagelt.

[mit den Fingerknöcheln auf den Tisch klopfen]

Es blitzt.

[Zischgeräusche machen]

Es donnert.

[in die Hände klatschen]

Alle laufen schnell ins Haus.

[mit den Händen ein Dach formen]

Und bald kommt die Sonne wieder raus!

[Arme von oben über die Seite nach unten nehmen]

Groß ist die Sonne

Formen Sie mit Ihren Armen eine große Sonne. Bei der Wolke halten Sie sich die Hände vor Ihr Gesicht. Beim letzten Satz nehmen Sie die Hände wieder weg.

Groß ist die Sonne

[Arme formen einen großen Kreis]

Hell und warm ihr Schein.

Niemand könnte ohne Sonne sein.

Eine dicke Wolke hat sie zugedeckt.

[Hände über die Augen legen]

Doch schon ruft sie:

„Da bin ich. Ich hab mich nur versteckt".

[Hände ganz schnell wieder von den Augen nehmen]

Das Karussell

Hierbei nehmen Sie das Kind auf den Arm und drehen sich mit ihm zuerst langsam und dann schneller. Das Einsteigen und Anschnallen nachahmen und wieder drehen.

Auf der grünen Wiese steht ein Karussell,

[zusammen im Kreis gehen]

manchmal fährt es langsam,

manchmal fährt es schnell.

[ganz langsam und dann ganz schnell laufen]

Einsteigen, anschnallen, festhalten.

[stehen bleiben, das Kind hochnehmen,
das Anschnallen nachahmen]

Dum-didel-dum, dum-didel-dum,

[zusammen mit dem Kind linksherum
um die eigene Achse drehen]

das Karussell fährt rundherum,

dum-didel-dum, dum-didel-dum,

[dann rechtsherum um die eigene Achse drehen]

das Karussell fährt rundherum.

HERBST

Apfelbäumchen

Ihre eine Hand ist der Apfelbaum, die andere ist der Pflaumenbaum. Ihre Finger zeigen jeweils nach oben. Wenn der Wind kommt, wackeln Sie mit den Fingern immer fester. Zum Schluss fallen Ihre Hände nach unten.

Das ist ein Apfelbäumchen,
[Finger der linken Hand zeigen nach oben]
Das ist ein Pflaumenbaum.
[Finger der rechten Hand zeigen ebenfalls nach oben]
Sie hängen voller Früchte,
Man sieht die Blätter kaum.

Da kommt der Wind geblasen
[die Hände anpusten]
Hu der zaust sie sehr,
[Finger leicht zappeln lassen]
Hu das ist nicht zum Spaßen,
Er zaust sie immer mehr.
[Finger zappeln etwas mehr]

Hu jetzt wird's immer bunter,
[Finger zappeln wild]
Und holterdiepolter geschwind
Plumpst alles gute Obst herunter.
[Hände fallen nach unten]

Habt ihr schon den Herbst gesehen?

Legen Sie Ihre Hand über die Augen und suchen Sie umher, pusten Sie dann und machen Sie mit den Fingern Regentropfen. Ahmen Sie das Kehren nach. Ziehen Sie Ihre imaginäre Jacke, Mütze und Stiefel an und hüpfen Sie.

Habt ihr schon den Herbst gesehen?

[eine Hand suchend über die Augen legen]

Er kommt mit Sturm und Regen

[pusten, Finger zappeln von oben herab]

Schnell den Besen hergebracht –

[mit einem imaginären Besen kehren]

wir wollen Blätter fegen.

Wo ist die Jacke?

[eine imaginäre Jacke anziehen]

Zieh sie an!

Setz auf den Kopf die Mütze

[ebenso eine Mütze auf den Kopf ziehen]

Und mit den Stiefeln gehen wir dann

[symbolisch Schuhe anziehen]

Pitsch, patsch in die Pfütze.

[hüpfen]

Pflaumen

Ahmen Sie, passend zum Text, die Bewegungen mit Ihren Armen und Händen nach.

Kommt ein kleiner Mann daher,

[der Zeigefinger bewegt sich ...]

kommt zum Pflaumenbäumchen.

[... auf die Faust zu]

Schaut hinauf und freut sich sehr,

[Zeigefinger „schaut" nach oben zum Baum]

sieht die vielen Pfläumchen.

[genüsslich den Bauch reiben]

Und er rüttelt. Schwapp, schwapp, schwapp,

[der Zeigefinger rüttelt an der Faust]

fallen alle Pfläumchen ab.

[Faust öffnen, Finger zappeln nach unten]

Männlein liest sie in den Sack,

[Pflaumen aufheben]

und trägt nach Haus ihn huckepack.

[einen Sack über die Schulter nehmen]

Eichhörnchen im Herbst

Ihr Zeige- und Mittelfinger sind die Füße des Eichhörnchens.

Das Eichhorn flitzt im schnellen Lauf

[Zeige- und Mittelfinger krabbeln am Arm hoch]

den Kastanienbaum hinauf.

Springt, wie so oft, in großer Hast,

[Zeige- und Mittelfinger hüpfen auf dem Arm entlang]

von Ast zu Ast, zum höchsten Ast.

Da sitzt es nun in aller Ruh'

[auf der Schulter ausruhen]

und schaut den grauen Wolken zu.

[nach oben schauen]

Oktoberwind weht hin und her,

das kleine Eichhorn schwankt nun sehr

[Zeige- und Mittelfinger schwanken hin und her]

und hüpft, nach seiner kurzen Rast,

[Zeige- und Mittelfinger laufen den Arm wieder herunter]

zum nächsten und zum nächsten Ast

den Stamm hinab bis in sein Haus,

[Zeige- und Mittelfinger stehen auf der Handfläche der anderen Hand]

dort ruht es sich vom Ausflug aus.

Bunte Blätter

Ihre zappelnden Finger sind die Blätter, die sich zuerst langsam nach unten bewegen. Beim Wind wirbeln Ihre Finger wild durcheinander, um beim letzten Absatz wieder langsam nach unten zu sinken.

Bunte Blätter fallen vom Baum,

[Finger zappeln von oben nach unten]

schweben langsam, man hört es kaum.

Plötzlich trägt der Wind sie fort,

[Finger zappeln schnell hin und her]

wirbelt sie von Ort zu Ort.

Wie sie flattern, wie sie fliegen,

sinken – und am Boden liegen.

[Finger zappeln langsam von oben nach unten]

Die Windmühle

Ihre Hände bewegen sich hin und her.

Die Windmühle braucht Wind, Wind, Wind,

[Hände bewegen sich hin und her]

Sonst geht sie nicht geschwind,

schwind, schwind.

Das Korn wird Mehl, das Mehl wird Brot.

[rhythmisch in die Hände klatschen]

Und Brot tut allen Menschen not!

Drum braucht die Mühle Wind, Wind, Wind,

[Hände bewegen sich hin und her]

Sonst geht sie nicht geschwind,

schwind, schwind!

Gewitter

Ihre Finger zeigen nach unten, dann klopfen Sie zuerst sachte, dann immer fester auf den Tisch. Zum Schluss verstecken Sie Ihre Hände hinter Ihrem Rücken.

Im Herbst, da kommt der Regen,
[Fingerspitzen zeigen nach unten]
der bringt der Erde Segen.

Leise hörst Du nur ein Klopfen,
[Finger klopfen leise auf den Tisch]
dann fallen dicke große Tropfen.
[Finger klopfen stärker auf den Tisch]

Es zucken Blitze,
[ein „Zisch" sprechen]
es grollt der Donner.
[Fingerknöchel klopfen auf den Tisch]
Die Kinder laufen schnell nach Haus
[Finger hinter dem Rücken verstecken]
und warten auf den Sommer.

WINTER

Fünf Schneeflocken

Passend zum Text tippen Sie jeweils die entsprechende Körperstelle an.

Fünf Schneeflocken fallen auf die Erde nieder.
[eine Hand hochhalten, leicht mit den Fingern zappeln]
Das erste Schneeflöckchen macht sich den Spaß
[mit dem Daumen wackeln]
Und setzt sich mitten auf die Nas'.
[mit dem Daumen die Nasenspitze antippen]

Das zweite Schneeflöckchen kommt sich ganz lustig vor
[mit dem Zeigefinger wackeln]
Und setzt sich mitten auf das Ohr.
[und dann ans Ohr tippen]

Das dritte Schneeflöckchen klettert sich hoch hinauf
[mit dem Mittelfinger wackeln]
Und setzt sich auf das Köpfchen drauf.
[und auf den Kopf tippen]

Das vierte Schneeflöckchen bleibt nicht lange, setzt sich auf die Wange
[mit dem Ringfinger wackeln]
Und setzt sich kurz auf die Wange.
[und dann die Wange antippen]

Das fünfte Schneeflöckchen meint, Schnee ist gesund
[mit dem kleinen Finger wackeln]
Und setzt sich mitten auf den Mund!
[und zum Schluss den Mund antippen]

Der Schneemann und die Schneefrau

Nacheinander zuerst die linke, dann die rechte Hand als Faust auf den Tisch stellen. Lassen Sie dann die Hände langsam auf dem Tisch zerfließen. Beim zweiten Absatz nehmen Sie nur die Daumen, welche sich unterhalten. Ahmen Sie mit den Fingern Regen nach. Zum Schluss klatschen Sie in die Hände.

Der Schneemann und die Schneefrau

[Beide Hände zur Faust machen]

Die steh'n an ihrem Platz.

[nacheinander die Fäuste auf den Tisch stellen]

Doch wenn ganz warm die Sonne scheint,

[Fäuste ganz langsam öffnen, bis sie sich ...]

Zerfließen sie zu Matsch.

[... als flache Hände auf den Tisch legen]

Der Schneemann und die Schneefrau,

[Beide Daumen wackeln]

Die machen einen Schwatz.

Doch wenn dann noch der Regen fließt,

[Finger zappeln als Regentropfen von oben nach unten]

Ist's aus mit ihnen – klatsch!

[einmal feste in die Hände klatschen]

Pille, palle, polle

Zuerst im Rhythmus klatschen, dann nach oben zeigen. Mit den Händen Schüttel-Bewegungen machen, die Finger nach unten zeigen lassen und zappeln. Beim zweiten Absatz ebenfalls mit dem Klatschen beginnen, eine Faust ist die große Flocke. Zwei gekreuzte Finger sind der Gartenzaun. Zum Schluss mit den Händen ein Dach über deinem Kopf bauen.

Pille, palle, polle,
[dreimal klatschen]
da oben wohnt Frau Holle.
[Zeigefinger zeigt nach oben]
Sie schüttelt ihre Betten aus,
[Hände ausschütteln]
da kommen weiße Flöckchen raus.
[Finger zappeln von oben nach unten]

Ticke, tacke, tocke,
[dreimal klatschen]
da kommt eine große Flocke.
[eine Faust machen]
Sie setzt sich auf den Gartenzaun
[zwei Finger zum Gartenzaun kreuzen]
und möchte dort ein Häuschen bau'n.
[mit den Händen ein Dach über dem Kopf formen]

Das Futterhaus

Reiben Sie Ihre Arme, als würden Sie frieren. Nehmen Sie die Arme hoch, die Finger zeigen zappelnd nach unten. Schauen Sie sich suchend um. Beim zweiten Absatz bauen Sie mit den Händen ein Haus und machen mit Ihrer Hand Streubewegungen. Bilden Sie zum Schluss wieder einen Vogel.

Jetzt wird es draußen kalt,
[Arme reiben]
und weißer Schnee fällt bald.
[Arme hochnehmen, Finger zeigen zappelnd nach unten]

Die Vögel fliegen hin und her
[Finger zappeln hin und her]
und finden oft kein Futter mehr.
[suchend umschauen]

Kommt, bauen wir ein Haus,
[Hände formen ein Dach]
und streuen darin Futter aus,
[eine Hand macht Streubewegungen]

für unsere liebe Vogelschar,
[Daumen nebeneinander legen,
restliche Finger sind die Flügel des Vogels ...]
so wie jedes Jahr!
[... und bewegen sich leicht auf und nieder]

Die Schlittenfahrt

Zeigen Sie zu Beginn Ihre fünf Finger einer Hand hoch. Dann zeigen Sie mit einem Finger zum Himmel hoch. Legen Sie dann eine Hand an Ihre Augen und schauen Sie sich suchend um. Wenn es zu schneien beginnt, zeigen Sie Ihre Finger nach unten. Formen Sie dann Ihre Hände zu einer Schüssel. Zum Schluss legen Sie beide Hände übereinander und sausen sie als Schlitten hin und her.

Fünf Brüder gehen durch den Wald,
[mit allen Fingern einer Hand zappeln]
der Weg ist hart, die Luft ist kalt.
Der Erste sagt: „Oh, Bruder schau!
[mit dem Daumen wackeln, mit dem Zeigefinger der anderen Hand nach oben in den Himmel zeigen]
Die Wolken hängen schwer und grau!"
Der Zweite sieht hinauf zur Höh': [mit dem Zeigefinger wackeln]
„Ich glaube", sagt er, „es gibt Schnee!"
[die andere Hand suchend über die Augen halten]
Der Dritte schaut und ruft sodann: [mit dem Mittelfinger wackeln]
„Es fängt ja schon zu schneien an!"
[Finger der anderen Hand zeigen nach unten und zappeln]
Der Vierte hält die Hände auf [mit dem Ringfinger wackeln]
und da fällt weicher Schnee darauf.
[andere Hand wie eine kleine Schale aufhalten]
Der Fünfte ruft: „Ich lauf nach Haus [mit dem kleinen Finger wackeln]
und hole unseren Schlitten raus.
[die andere Hand mit der Fläche nach unten vorhalten]
Nun setzt euch drauf, ihr lieben Brüder
[mit allen fünf Fingern wackeln]
und saust mit mir den Berg hernieder!"
[die andere Hand mit der Fläche nach unten hin und her bewegen]

BESONDERE ANLÄSSE

Es heißt ja bekanntlich, Vorfreude sei die schönste Freude. Und gerade bei Kindern ist die Freude auf ein kommendes Ereignis oft riesig und unheimlich aufregend. Da bietet es sich an, das Thema Weihnachten oder Ostern in das gemeinsame Spiel zu integrieren. Auch zu diesen besonderen, jährlichen Anlässen gibt es einige Fingerspiele, die das große Fest oder Ereignis thematisieren und die Wartezeit darauf etwas versüßen.

WEIHNACHTEN

Fünf Wichtel

Sie strecken zuerst Ihre linke Hand hoch und wackeln nacheinander mit den Fingern. Dann nehmen Sie Ihre rechte Hand ebenfalls hoch und strecken die Finger. Beim zweiten Absatz zappeln Ihre Finger der rechten Hand, sie symbolisieren das Mehl. Daumen und Zeigefinger der linken Hand formen Sie zu einem Ei. Beim dritten Absatz machen Sie mit der rechten Hand Knetbewegungen, mit der linken Hand probieren Sie ein bisschen Teig, indem Sie Daumen und Zeigefinger zum Mund führen. Beim letzten Absatz streichen Sie sich mit der rechten Hand über den Bauch.

5 Wichtel wollen Plätzchen backen.
[linke Hand hochhalten, mit den Fingern wackeln]
Sie holen dazu viele Sachen.
[rechte Hand hochhalten, Finger strecken]
Der erste Wicht holt Mehl herbei.
[Finger der rechten Hand zappeln]
Der zweite Wicht, der bringt das Ei.
[mit Daumen und Zeigefinger der linken Hand ein Ei formen]
Der Dritte will den Teig verrühren, [rechte Hand knetet]
Der Vierte nur mal schnell probieren.
[Finger der linken Hand machen Zangengriff, zum Mund führen]
Der Fünfte sagt: „Die werden schmecken!
[genüsslich mit der Hand über den Bauch streichen]
Ich werde den Tisch gleich für uns decken!"

Fünf klitzekleine Weihnachtsmänner

Zu Beginn zeigen Sie fünf Finger, dann bilden Sie mit Ihren beiden Händen eine Tanne. Dann zeigen Sie nacheinander Ihre Finger, Ihr Daumen beginnt. Beim letzten Satz zeigen Sie mit Ihren Armen Ihre Muskeln.

5 klitzekleine Weihnachtsmänner gehen in den Wald.

[fünf Finger zeigen, etwas zappeln]

Sie wollen eine Tanne holen,
denn Weihnachten ist bald.

[mit beiden Händen ein Dach formen, welches die Tanne darstellt]

Der Erste sagt: „Puh, ist die schwer!"

[auf den Daumen zeigen]

Der Zweite sagt: „Ich kann nicht mehr."

[auf den Zeigefinger zeigen]

Der Dritte heult: „Es pikt, oh weh!"

[auf den Mittelfinger zeigen]

Der Vierte stolpert in den Schnee.

[auf den Ringfinger zeigen]

Der Fünfte hat sich stark gemacht

[auf den kleinen Finger zeigen]

und hat den Baum nach Haus gebracht.

[Arme wie ein Bodybuilder heben]

Tanzender Adventskranz

Zuerst wackeln Sie leicht mit den Fingern, aber nicht mit dem Daumen. Beim zweiten Absatz verbeugt sich nur Ihr Zeigefinger. Beim zweiten Absatz nehmen Sie zuerst Ihren Mittelfinger mit und wackeln, dann kommt noch der Ringfinger dazu. Beim vierten Absatz halten Sie nun auch Ihren kleinen Finger hoch und lassen alle vier Finger wackeln und zappeln. Beim letzten Satz pusten Sie auf Ihre Finger und machen eine Faust.

Das sind vier Kerzen von unserem Kranz.
[vier Finger wackeln]
Sie laden ein zum Weihnachtstanz.

Die Erste, sie verbeugt sich tief
[Zeigefinger macht eine Verbeugung]
und sagt zu den anderen: „Macht doch mit!"

Die Zweite, sie ziert sich und traut sich dann
[Mittelfinger wackelt]
Und nimmt die Dritte an die Hand.
[Mittel- und Ringfinger wackeln]

Auch die Vierte steigt mit ein
[mit den anderen wackelt nun auch der kleine Finger mit]
und tanzt mit allen dann gemein.
[alle vier Finger zappeln]

Sie wackeln alle in Saus und Braus.
[alle vier Finger zappeln]
Nun pusten wir alle ganz schnell aus.
[auf die Finger pusten, eine Faust machen]

Weihnachten bei den Engeln

Zeigen Sie hier nacheinander Ihre Finger, beginnen Sie mit dem Daumen.

Das ist der erste Engel,
der bringt das Licht in den Raum.
[mit dem Daumen wackeln]
Das ist der zweite Engel,
der bringt den Tannenbaum.
[mit dem Zeigefinger wackeln]

Das ist der dritte Engel,
der bringt den Schmuck heran.
[mit dem Mittelfinger wackeln]
Das ist der vierte Engel,
der steckt die Kerzen an.
[mit dem Ringfinger wackeln]

Und der fünfte Engel schnell,
läutet mit dem Glöckchen hell.
[mit dem kleinen Finger wackeln]

NIKOLAUS

Der Nikolaus

Formen Sie zuerst mit den Händen ein Dach und schauen Sie hindurch. Bilden Sie mit Ihren Daumen und Zeigefingern eine Brille vor Ihren Augen und streicheln Sie dann Ihren imaginären Bart. Zeigen Sie nun, wie Sie Ihre Stiefel anziehen, und gehen Sie dann auf der Stelle. Beim vierten Absatz gehen Sie gebückt und nehmen Ihre Hände auf die Schulter, als würden Sie einen Sack tragen. Beim fünften Absatz spreizen Sie die Finger, welche Sie hoch in die Luft halten. Dann holen Sie aus dem imaginären Sack Geschenke heraus. Nun gehen Sie wieder auf der Stelle. Zum Schluss formen Ihre Hände ein Kissen, auf welches Sie Ihren Kopf legen.

Aus dem klitzekleinen Haus
[Hände formen ein Dach vor dem Gesicht]
da schaut der Nikolaus heraus.
[durch das Dach hindurchschauen]
Er trägt 'ne Brille, klein und rund,
[mit Daumen und Zeigefinger jeweils einen Kreis formen,
als Brille vor die Augen halten]
ein langer Bart verdeckt den Mund.
[den imaginären Bart streicheln]
Er zieht nun seine Stiefel an, [imaginäre Stiefel anziehen]
damit er losmarschieren kann. [auf der Stelle laufen]
Auf dem Rücken liegt ein Sack,
[Hände werfen einen Sack über die Schulter]
den trägt er heute huckepack.
Die Sterne ziehen nun voran,
[Finger spreizen und hoch in die Luft halten]
damit er alles sehen kann.
Er holt ganz leise vor jedem Haus
[aus dem imaginären Sack Geschenke holen]
ein Päckchen aus dem Sack heraus.
Der Sack ist leer, wie ist das schön,
[auf der Stelle laufen]
nun kann er schnell nach Hause gehen.
Der Nikolaus ruht sich nun aus
[beide Hände übereinander zum Kissen formen
und den Kopf darauf legen]
und kommt erst morgen wieder raus.

Aus dem Fenster schau ich raus

Bilden Sie mit den Händen ein Fenster und schauen Sie suchend hindurch. Formen Sie dann eine Zipfelmütze. Malen Sie beim Rucksack mit den Fingern ein Rechteck in die Luft und dann einen Baum. Kraulen Sie dann Ihren langen, imaginären Bart. Beim Stiefelanziehen stampfen Sie mit den Füßen auf. Zum Schluss winken Sie.

Aus dem Fenster schau ich raus,
[Hände formen ein Fenster, durch dieses hindurchschauen]
Suche nach dem Nikolaus.

Ist das seine Zipfelmütze?
[Hände formen auf dem Kopf eine Mütze]
Nein, das ist die Kirchturmspitze!

Sieht das wie sein Rucksack aus?
[Finger malt ein Rechteck in die Luft]
Nein, es ist der Baum vorm Haus!
[Finger malt einen Baum in die Luft]

Dort sein Bart so lang und weiß ...
[den imaginären Bart kraulen]
Ist ein Zapfen ganz aus Eis!

Sieh doch nur die Stiefel an!
[mit den Füßen stampfen]
Sie gehör'n dem Nachbarsmann.

Doch da winkt mir einer zu!
[freundlich winken]
Nikolaus, ja das bist du!

Eine kleine Maus

Ihr Zeigefinger ist die kleine Maus und zappelt genauso herum.

Eine kleine Maus sah den Nikolaus,

[Finger laufen auf dem Kinderarm hinauf]

zappelte vor Schreck und dann lief sie weg.

[Finger laufen auf dem anderen Kinderarm

wieder hinunter]

Eine freche Maus sah den Nikolaus,

[Finger laufen auf dem Kinderarm hinauf]

sagte, „Nikolaus, wart!",

und zupfte ihn am Bart.

[dem Kind sachte auf die Nase stupsen]

Lieber, guter Weihnachtsmann

Zuerst mit den Händen *„Bitte“* sagen, dann Stiefel anziehen, einen imaginären Bart kämmen, *„Hui“* rufen, winken und zum Schluss dürfen Sie die Geschenke aufreißen.

Lieber, guter Weihnachtsmann,

[Handflächen aneinanderlegen]

zieh die langen Stiefel an,

[einen gedachten Stiefel anziehen]

kämme deinen weißen Bart,

[den langen Bart streicheln]

mach dich auf die Weihnachtsfahrt.

[„Hui“ rufen]

Komme auch in unser Haus,

[winken]

packe die Geschenke aus.

[Hände reißen wild Geschenke auf]

OSTERN

Fünf Osterhasen

Nacheinander zeigen Sie die Finger Ihrer Hand, beginnend mit dem Daumen.

Seht ihr auf dem grünen Rasen,
da sitzen heut fünf Osterhasen.
[alle Finger einer Hand zeigen]

Der Erste spitzt die langen Ohren,
er ist vor einer Woche im Klee geboren.
[Daumen zeigen]

Der Zweite, der hockt hinter einem Stein,
dort putzt er sich seine Barthaare fein.
[Zeigefinger zeigen]

Der Dritte, der knabbert vom grünen Klee
und reckt das Schwänzchen in die Höh'.
[Mittelfinger zeigen]

Der Vierte schleppt die Farbtöpfe her:
„Kommt! Eiermalen ist nicht schwer!"
[Ringfinger zeigen]

Der Fünfte, der ruft: „Herbei, herbei!
Wer malt das schönste Osterei?"
[kleinen Finger zeigen]

Der flinke Hase Mopp

Zeige- und Mittelfinger ausstrecken, sie sind die Hasenohren. Bewegen Sie die Hand mit den beiden ausgestreckten Fingern hin und her. Die andere Hand deutet die Ohrenlänge an und streichelt den Handrücken. Zum Schluss verstecken Sie die Hasenhand hinter Ihrem Rücken.

Hoppel, hoppel, hoppel, hopp

[Zeige- und Mittelfinger als Hasenohren ausstrecken]

hier kommt der schnelle Hase Mopp.

[ganze Hand beginnt, sich zu bewegen]

Seine Ohren, die sind lang

[mit der anderen Hand die Länge

der Hasenohren andeuten]

sieh mal, wie er damit wackeln kann,

[Zeige- und Mittelfinger wackeln]

er hat ein kuschelweiches Fell

[mit der anderen Hand über den Handrücken streicheln]

und wenn er rennt, ist er blitzeschnell

[der Hase rennt und verschwindet hinter dem Rücken]

Häschen

Ihre Zeige- und Mittelfinger ausstrecken, diese bilden die Hasenohren, die nun lustig hin und her wackeln.

Häschen, Häschen Osterhas,
[Zeige- und Mittelfinger ausstrecken und wackeln]
komm mal her, ich sag Dir was.
[Hasenohren wackeln zum Kind hin]
Komm auch mal bei mir vorbei,
[mit dem Zeigefinger auf sich selbst zeigen]
schenk mir doch ein Osterei.
[Zeigefinger und Daumen formen ein Ei]

Unter Tulpen und Narzissen
[Handflächen zeigen erst nach unten, dann umdrehen]
wirst Du es zu finden wissen.
Häschen, Häschen Osterhas,
[Zeige- und Mittelfinger ausstrecken und wackeln]
danke für den Osterspaß.
[in die Hände klatschen]

Unterm Baum im satten Gras

Der Zeige- und der Mittelfinger zeigen als Hasenohren nach oben und verstecken sich zuerst unter der anderen Hand, bis der Osterhase ganz schnell wegspringt und ein kleines Osterei hinterlässt, welches Sie mit Daumen und Zeigefinger formen.

Unterm Baum im satten Gras
[Zeige- und Mittelfinger ausstrecken,
die andere Hand als Baum darüberhalten]
sitzt ein kleiner Osterhas.
Putzt den Bart und spitzt das Ohr,
[den Fingerhasen mit den Ohren wackeln lassen
und hin und her zappeln]
macht ein Männchen, guckt hervor.

Springt dann fort mit einem Satz
[der Fingerhase macht nun einen großen Sprung
und versteckt sich hinter dem Rücken]
und ein kleiner, frecher Spatz
[Hand kommt nun als Vogel wieder hervor,
indem der Daumen unten und die restlichen Finger oben als Schnabel geformt werden]
schaut jetzt nach, was denn dort sei.
[der Vogel schaut nun unter den Baum,
welcher die andere Handfläche bildet]
Und was ist's? Ein Osterei!
[mit Zeigefinger und Daumen ein Ei formen]

GEBURTSTAG FEIERN

Alle meine Fingerlein wollen Gratulanten sein

Nacheinander werden alle Finger einer Hand bewegt, es wird mit dem Daumen begonnen. Zum Schluss darf hier gerne ein Geburtstagslied angestimmt werden, wie zum Beispiel *„Zum Geburtstag viel Glück"*.

Der 1. bäckt den Kuchen,
[mit dem Daumen wackeln]
er will ihn gleich versuchen.
[die andere Hand reibt sich den Bauch]

Der 2. zündet Kerzen an,
[mit dem Zeigefinger wackeln]
damit man richtig feiern kann.
[in die Hände klatschen]

Der 3. malt dir einen Stern,
[mit dem Mittelfinger wackeln]
er hat dich ganz besonders gern.
[sich selbst knuddeln]

Der 4. bringt ein Päckchen fein,
[mit dem Ringfinger wackeln]
was wird denn da wohl drinnen sein?
[nachdenklich am Kinn kraulen]

Der 5. Finger singt ein Lied,
[mit dem kleinen Finger wackeln]
da singen alle Kinder mit.
[hier darf ein Ihnen bekanntes Geburtstagslied angestimmt werden]

Was soll ich dir sagen

Dieser Vers ist zwar kein typisches Fingerspiel, jedoch ist der Text sehr nett und auch einfach, um einem kleinen Geburtstagskind zu zeigen, wie toll es ist.

Was soll ich Dir sagen, was soll ich Dir geben?

[unwissend mit den Schultern zucken]

Ich wünsch Dir ein langes, fröhliches Leben.

[Arme formen einen großen Kreis über dem Kopf]

Ich hab ein Herz, das denkt und spricht:

[die Hände auf das eigene Herz bzw. auf die Brust legen]

Ich hab Dich lieb, mehr weiß ich nicht.

[sich selbst feste knuddeln]

Bonus: Gezielte Sprachförderung für Zuhause

KORRIGIEREN: ABER BITTE RICHTIG!

Natürlich sind vielfältige Fingerspiele und Reime eine wunderbare Spielidee, um beim Kind auch das Sprechen zu trainieren. Trotz vieler Wiederholungen bleibt es aber manchmal nicht aus, dass das Kind vielleicht den einen oder anderen Buchstaben nicht richtig ausspricht oder die Grammatik nicht zu hundert Prozent sitzt. Das ist aber alles kein Problem, denn es gibt im Alltag unzählig viele Möglichkeiten, um das Kind beim Lernprozess „Sprechen“ wertfrei zu unterstützen. Ganz wichtig ist natürlich, dass man das Kind nicht zum Reden bewegen sollte, wenn man merkt, dass es jetzt einfach keine Lust dazu hat. Das Kind sollte gerne reden wollen und auch Spaß dabei haben. Außerdem ist es für das Kind sehr hilfreich, wenn man selbst deutlich spricht und dabei auch das Kind ansieht, da Kinder einfach die Sicherheit brauchen und den Blickkontakt suchen. Wenn Sie dem Kind eine kleine Aufgabe stellen oder es um etwas bitten, dann sollte die Aufforderung kurz, knapp und natürlich auch verständlich sein. Sollte die Aufgabe aus mehreren Teilen bestehen, so kann es vielleicht sinnvoll sein, diese nacheinander zu stellen, wie zum Beispiel: *„Hole bitte mal eine Schüssel.“* Wenn das Kind dann eine Schüssel gebracht hat, kann es weitergehen mit: *„Jetzt holen wir damit die Erdbeeren aus dem Garten.“* Je nach Alter des Kindes, meist ab dem Vorschulalter, können dann auch mal gleich zwei oder sogar drei Aufgaben in einem Satz gestellt werden, wie zum Beispiel: *„Kannst du bitte deine rote Mütze UND deine Turnschuhe holen?“* Wichtig ist hier, dass man genaue Anweisungen macht, wie hier die rote Mütze und die Turnschuhe. Dies hilft dem Kind, sich zu orientieren und entsprechend zu reagieren.

Im Alltag wohl am einfachsten und meist unbewusst umzusetzen, ist wahrscheinlich das ganz normale Sprechen mit dem Kind. Beim Frühstück, auf dem Weg in den Kindergarten, auf dem Spielplatz oder beim Abendessen zubereiten – es finden sich sehr viele Gelegenheiten, um mit dem Kind zu reden und dabei auch zu beobachten, wo es evtl. ein paar Schwächen hat. Hier sollte aber auch darauf geachtet werden, dass man auch das Kind aussprechen lässt, nicht die Sätze für das Kind beendet und vor allem nicht lauthals loslacht, wenn mal etwas nicht korrekt gesprochen oder Begriffe verwechselt werden. Denn man muss auch beachten, dass es viele Begriffe gibt, die sich sehr ähneln, aber überhaupt nur sehr wenig miteinander zu tun haben, wie zum Beispiel Margherita und Margarine. In einem Haushalt gibt es auch verschiedene Verbote und auch Gebote. Diese werden wahrscheinlich auch immer wieder wiederholt und besprochen, um diese zu festigen. Und das ist auch gut und wichtig so. Denn wie bei allem, führen auch hier Wiederholungen zum Erfolg. Auch sollte vor allem mit Verboten und Geboten der Sinn und die Notwendigkeit mit dem Kind besprochen werden. Denn wenn das Kind versteht, dass es wirklich gefährlich ist, wenn man allein mit einem scharfen Messer hantiert, dann wird es sich wahrscheinlich auch an das Gebot halten und zu Ihnen kommen, wenn es einen geschnittenen Apfel haben möchte, und nicht allein an die Messerschublade gehen. Für uns Erwachsene ist es vielleicht auch nicht immer leicht, die erst einmal wirr klingenden Antworten des Kindes zu akzeptieren. Und auch hier gilt natürlich, dass nicht laut gelacht werden sollte, wenn das Kind eine für uns zusammenhanglose Antwort gibt. Kinder haben eben manchmal ihre eigene Logik. Aber man darf die Sache natürlich erläutern und dem Kind erklären. Sobald das Kind mit dem Sprechen allgemein beginnt, wird es viele, unzählige Fragen stellen. Man kann sich dann nur wundern, wie viele Fragen es überhaupt gibt und dass man jede Antwort mit einer neuen Frage kontern kann. Hier hilft vor allem, ruhig und gelassen zu bleiben, trotzdem langsam und deutlich zu sprechen und, wenn es gerade einfach nicht passt mit der Fragerunde, dem Kind auch ruhig zu erklären, dass man jetzt keine Zeit hat und später alle Fragen beim gemeinsamen Spielen beantwortet.

Beim ganz normalen Sprechen mit dem Kind ist nicht nur das Zuhören absolut wichtig, sondern auch das Feedback, welches man dem Kind gibt. Das Kind erfährt dadurch Sicherheit und fühlt sich wertgeschätzt und auch verstanden. Daher sollte eine Unterhaltung mit dem Kind nicht nur aus einem beiläufigen *„Aha"* bestehen. Natürlich ist im Alltag nicht immer Zeit für eine ausgiebige Unterhaltung oder für ein großes Lob bei einem kleinen Satz. Daher kann es sinnvoll sein, zu bestimmten Zeiten oder bei bestimmten Beschäftigungen intensiver mit dem Kind zu reden. Diese Kommunikation kann auch gerne als festes Ritual in den Kindertag eingebaut werden.

Um auch sicherzugehen, dass man das Kind richtig verstanden hat, kann es hilfreich sein, wenn man das Gehörte kurz wiederholt. So hat das Kind das Feedback, dass ihm zugehört wurde, und man kann Missverständnisse ausräumen, wenn das Kind zum Beispiel *„Sadalen"* gesagt hat, es aber *„Sandalen"* meint. Wenn Sie das Wort dann richtig wiederholen, lernt das Kind ganz unbewusst und ohne Wertung die richtige Aussprache. Vielleicht sagt es dann schon beim nächsten oder übernächsten Mal das Wort *„Sandalen“* korrekt. Was auch sinnvoll sein kann, sind Ruhe- oder Sprechpausen. Man muss nicht von morgens bis abends ununterbrochen sprechen. Kein Erwachsener möchte dies und Kinder auch nicht, auch wenn sie selbst vielleicht gerne reden. Daher darf es gerne auch mal Ruhepausen geben, in denen einfach nur das Allernötigste gesprochen wird und Fragen vom Kind auf einen anderen Zeitpunkt verschoben werden.

Korrigierendes Feedback

Da Kinder in sehr kurzer Zeit sehr viele verschiedene Begriffe, Laute und Satzstellungen kennen lernen, bleibt es manchmal nicht aus, dass nicht immer alles korrekt ausgesprochen wird. Und natürlich kommen auch mal ganz neue Wortschöpfungen dabei heraus, wie zum Beispiel die *„Friseurhaarschneiderin“* oder auch der *„Lochkoffel“*, wenn das Kind etwas schnell beim Wort *„Kochlöffel“* ist. Es darf dann hier auch schon mal mit dem Kind zusammen über die lustigen Worte gelacht werden, aber bitte nicht auslachen. Und natürlich sollte hier dann auch dem Kind die richtige Aussprache oder die korrekte Bezeichnung genannt werden.

Manchmal wird das Kind das Feedback sofort behalten und ab sofort den Begriff richtig benennen oder richtig aussprechen. Manche Wörter werden vielleicht noch etwas länger die *„Friseurhaarschneiderin“* bleiben. Das ist aber auch nicht weiter schlimm, wahrscheinlich findet das Kind dieses Wort einfach viel lustiger und benutzt es daher weiter, obwohl es bestimmt die richtige Bezeichnung kennt. Auch das ist dann vollkommen in Ordnung. Wichtig ist, wie bei so vielen Dingen, dass das Kind das Gefühl behält, dass es ernst genommen und verstanden wird – und dass man ihm mit dem Korrigieren und den kleinen Verbesserungsvorschlägen nur helfen möchte.

Erweiterndes Feedback

Natürlich besteht ein großer Teil des kindlichen Alltags aus Kommunikation. Und das ist gut und wichtig, damit das Kind die Vielfalt der Sprache erlernt und sich stetig verbessern kann. Aber genauso wichtig wie das kindliche Sprechen ist auch der Umgang von Erwachsenen mit Beobachtungen und Fragen des Kindes. Wenn das Kind feststellt, dass auf der Wiese Blumen sind, ist hier vielleicht das erweiterte Feedback passend, um mit dem Kind im Gespräch zu bleiben. Man könnte nach dem Bejahen der kindlichen Feststellung noch aufzählen, welche Farben die Blumen haben, oder auch antworten: *„Ja, du hast recht. Und auch ganz viele Schmetterlinge.“* Das erweiterte Feedback hilft zudem dem Kind, Zusammenhänge erkennen zu können. Der Fakt, *„Oft sind bei bunten Blumen auch Schmetterlinge zu finden“*, ist hier im Beispiel schon eine kleine Erkenntnis, welche sich das Kind vielleicht behält. Es ist gut möglich, dass bei der nächsten Blumenwiese die Frage kommt: *„Sind hier auch Schmetterlinge?“* So werden nicht nur Sprache, Grammatik und Wortschatz gefestigt, sondern auch gleich Zusammenhänge trainiert und erklärt.

Bestätigendes bzw. verstärkendes Feedback

Beim bestätigenden oder auch verstärkenden Feedback geht man dann sogar noch etwas mehr in die emotionale Ebene. Zum Blumenwiesen-Beispiel kann dann ergänzend hinzugefügt werden: *„Ich finde die Blumen auch wunderschön. Und siehst du auch diesen tollen, bunten Schmetterling? Der ist auch richtig hübsch.“* Natürlich kann dies auch zu Hause im Alltag umgesetzt werden. Zum Beispiel bitten Sie das Kind, seine Jacke zu holen. Bringt das Kind dann seine Jacke und sogar noch gleich die Mütze mit, dann kann auch hier ein bestätigendes Feedback gegeben werden, über das sich das Kind sicherlich freuen wird: *„Toll, du hast genau die richtige Jacke dabei und hast sogar noch an die Mütze gedacht, das hast du toll gemacht. Das finde ich super von dir.“*

AKUSTISCHES VERSTÄNDNIS SPIELERISCH FÖRDERN

Wer nicht gut hören kann, kann auch nicht richtig sprechen. Beim akustischen Verstehen bzw. bei der auditiven Wahrnehmung geht es jedoch nicht um die Lautstärke beim Hören. Dies funktioniert bei Betroffenen meist so, wie es soll. Das Problem bei der auditiven Wahrnehmung ist, dass das Gehirn das Gehörte nicht richtig verarbeiten und zuordnen kann. Betroffene Kinder verwechseln dann den Buchstaben O mit U, erkennen keine kurzen und langen Vokale, müssen immer wieder nachfragen, wenn man sich mit ihnen unterhält, und sprechen oft auch ungern. Bleibt dieses Problem im Kindergartenalter unerkannt, wird es für die Betroffenen in der Schule umso schwieriger. Sie haben beim Diktatschreiben meist zeitliche Probleme, da sie sich sehr auf das Zuhören konzentrieren müssen und dadurch nicht zum Schreiben kommen. Daher ist es wichtig, schon ganz kleine Kinder mit entsprechenden Spielen zu fördern.

So lassen sich mögliche Defizite frühzeitig erkennen und man kann rechtzeitig gegensteuern. Natürlich sollten auch geschulte Fachleute bei anhaltenden Schwierigkeiten zu Rate gezogen werden. Je früher eine akustische bzw. eine auditive Wahrnehmungsstörung erkannt und behandelt wird, umso einfacher ist es später für das Kind, gerade in der Schulzeit. Entwickelt sich das Kind ganz normal und hat es auch keine eingeschränkte Wahrnehmung, sind die lustigen Spiele und Beschäftigungen aber in keinem Fall ein Schaden. Das Gute ist, dass man mit gezielten Übungen und Spielen auf spaßige Weise dem Kind ein Gefühl für Sprache und Rhythmus vermitteln kann. Ganz ungezwungen in den Alltag eingebaut, helfen Sie dem Kind beim Zuordnen und Verstehen.

Sprechen:

Dem Kind wird schon allein dadurch viel geholfen, wenn Sie viel sprechen. Achten Sie aber unbedingt darauf, laut und deutlich zu sprechen und auch immer wieder Pausen zu machen. So hat das Kind Zeit, um das Gehörte zu verarbeiten und gegebenenfalls Fragen zu stellen. Schauen Sie das Kind beim Sprechen auch immer an und bitten Sie auch das Kind um Augenkontakt, wenn es mit Ihnen spricht.

Zuhören:

Genauso wichtig ist es, dem Kind gut zuzuhören. Achten Sie auf seine Aussprache und korrigieren Sie das Kind ohne Wertung. Stellen Sie Fragen, die das Kind nicht nur mit *„Ja"* oder *„Nein"* beantworten kann, so bleibt die Erzählung lebendig und auch vielfältig.

Lesen:

Beim gemeinsamen Lesen von spannenden Kinderbüchern profitiert das Kind ebenfalls wunderbar. Stellen Sie dazu immer wieder mal Fragen zur Geschichte, die das Kind dann beantworten kann. Hier kann das Kind zuerst in Ruhe zuhören und dann dazu etwas erzählen. Das Kind darf korrigiert werden, indem Sie das Wort einfach richtig wiederholen, oder vielleicht kann die passende Textpassage noch einmal vorgelesen werden.

Hören:

Wenn etwas mehr Zeit ist, ist ein Spaziergang in einer entspannten Umgebung auch ein toller Lernort. Gehen Sie mit dem Kind in die Natur und suchen Sie sich ein hübsches Plätzchen, zum Beispiel auf einer Picknickdecke am Waldrand. Das Kind darf nun die Augen schließen und einfach nur hören. Lassen Sie das Kind dann erzählen, was es hört, was das sein kann und woher das Geräusch kommt. War das eben ein Grashüpfer?

Oder ein kleiner Vogel? Das Zuordnen von Geräuschen schult ungemein.

Reime:

Fingerspiele und lustige Reime eignen sich auch hervorragend, um die akustische Wahrnehmung zu fördern. Durch die Betonung von bestimmten Wörtern in den Fingerreimen trainiert das Kind seine Wahrnehmung sowie seinen Wortschatz und auch die Aussprache. Fingerspiele können bereits mit Babys gespielt werden.

„Blinde Kuh":

Für das Kind wohl am lustigsten sind Spiele wie „Blinde Kuh". Hierbei werden dem Kind die Augen verbunden und es muss anhand der *„Hier"*-Rufe der anderen Mitspieler erkennen, wo sich diese befinden, und auf sie zugehen. Dabei wird das Gehör sehr gut geschult, denn es muss die Richtung erkannt werden, aus der die Geräusche kommen.

Alternativ kann auch ein CD-Spieler angeschaltet werden. Das Kind muss nun mit verbundenen Augen den Ort, an dem der CD-Spieler steht, ausfindig machen. Es muss sich gut auf sein Gehör verlassen und lokalisieren, aus welcher Richtung die Musik kommt.

GRAMMATIKALISCHE FÄHIGKEITEN FÖRDERN

Welche Zeitform wird wann genutzt? An welcher Stelle im Satz wird das Verb eingebaut? Wie ist die Mehrzahl von *„Auto"*? Wann heißt es *„sein Ball"* und wann *„ihr Ball"*? Wir Erwachsene wissen dies ganz genau, wir wissen, wie ein Satz richtig aufgebaut wird und in welcher Zeitform wir sprechen, weil wir es ganz unbewusst tun, ohne groß darüber nachzudenken. Das Kind verlässt sich hierbei ganz auf uns, denn es lernt die Grammatik durch uns, es merkt sich, dass wir von den vielen *„Autos"* sprechen, und trainiert so ganz unbewusst seine grammatikalischen Fähigkeiten.

Natürlich kann und darf auch hier gezielt gefördert werden. Dies geschieht meist in der alltäglichen Kommunikation. Wenn das Kind feststellt, dass im Spielwarenladen *„ganz viele Balle"* sind, darf gerne geantwortet werden: *„Ja, das stimmt, hier gibt es ganz viele BÄLLE."*
Auch die gezielte Fragestellung fördert die Sprache und hauptsächlich dabei die Grammatik. Die typischen W-Fragen eignen sich auch für das Kind, um die Unterschiede der Fragestellung zu trainieren. So kann gefragt werden, *„Wohin gehen wir heute Nachmittag?" – „Ja, wir gehen auf den Spielplatz"*, oder auch, *„Wessen Schaufel hast du denn da gerade?"*.

Das Erzählen mit Nebensätzen kann ebenfalls eine sehr gute Möglichkeit sein, um dem Kind die Grammatik näherzubringen: *„Es wird jetzt langsam dunkel, WEIL es Abend ist."* Neben der korrekten Satzstellung und Betonung lernt das Kind dabei auch entsprechende Zusammenhänge – am Abend wird es dunkel, wie hier im Beispiel.

Ganz wichtig ist wohl aber, dass bei der Förderung von Sprache und Grammatik nicht nur auf das Alter des Kindes geachtet wird, sondern vor allem auf dessen sprachliche Kompetenz. Es gibt dreijährige Kinder, die bereits in Romanform erzählen können. Ebenso gibt es aber auch fast vierjährige Kinder, die sich maximal einen Vierwortsatz entlocken lassen und nur auf Nachfragen etwas mehr verraten. Beides ist in Ordnung, den Unterschied macht hier vielleicht die gezielte Förderung. Den kindlichen Wasserfallredner kann man wahrscheinlich viel mehr in die Grammatik, also auch in den Gebrauch der Zeitformen oder die korrekte Frage- und Satzstellung, einführen. Auch der allgemeine Wortschatz kann hier ganz anders erweitert werden.

Dem sparsamen Sprecher kann mit gezielter Fragestellung vielleicht etwas mehr als nur ein *„Ja"* oder *„Nein"* entlockt werden. Hier kann auch mit Alternativfragen gearbeitet werden, wie zum Beispiel: *„Möchtest du heute Müsli ODER ein Brot zum Frühstück?"* Genauso wichtig wie die Fragestellung an das Kind ist auch die Beantwortung der kindlichen Fragen. Wer selten eine ausführliche Antwort erhält, obwohl er vielleicht sogar bereits mehrmals die Frage gestellt hat, der wird in Zukunft immer weniger wissen wollen. Daher ist es von großer Bedeutung, dem Kind seine gestellten Fragen auch zu beantworten. Auch hier gilt, dass die Antwort angemessen laut, deutlich und verständlich gesprochen wird. Das Kind wird sich mit der Zeit beim Sprechen und auch beim Fragen immer sicherer fühlen und bestimmt bald mehr reden, vorausgesetzt natürlich, dass gesundheitlich mit dem Kind alles in Ordnung ist, wie zum Beispiel hinsichtlich des Hörens oder des akustischen Verständnisses. Dies ist von entsprechendem Fachpersonal zu beurteilen.

DEN WORTSCHATZ GEZIELT VERGRÖßERN

Die Hitliste der beliebtesten ersten Wörter bei Babys sind wahrscheinlich *„Mama“*, *„Papa“* oder *„Ball“*. Um weitere Wörter der Liste hinzuzufügen, braucht es stetige Wiederholung, Vorsprechen und gemeinsame Beschäftigungen mit dem Kind. Denn wenn die sprachliche Entwicklung ins Stocken gerät, kann dies unter Umständen später negative Folgen für die Schulbildung haben. Zudem können auch psychische Probleme die kindliche Entwicklung belasten, wenn das Kind möglicherweise wegen sprachlicher Defizite ausgegrenzt wird.

Zum Glück kann mit entsprechenden Spielen, Ideen und Maßnahmen bereits sehr früh mit der sprachlichen Förderung und dem Ausbau des Wortschatzes begonnen werden. Bereits Babys wollen kommunizieren und tun dies in Form von Weinen, Jammern oder suchen den Blickkontakt zu Ihnen. Gerade hier kann es wichtig sein, dass auch schon das Baby beim Sprechen angesehen wird. Und auch wenn es noch keine Antwort gibt, darf gerne auch im Alltag oder beim Spielen viel mit dem Baby gesprochen werden. Erklären Sie, was Sie gerade tun, wohin Sie jetzt gehen werden oder einfach nur, wie schön gerade die Sonne scheint. Es ist sehr faszinierend zu beobachten, dass Babys und Kleinkinder, die noch nicht selbst sprechen können, vieles verstehen. Ein- bis Eineinhalbjährige können bereits kleine Aufgaben bewältigen, wie zum Beispiel *„Komm mal her zur Mama“*. Oft können sie selbst nicht viel mehr als eine Handvoll Wörter sprechen, verstehen aber ganz genau, dass sie zu ihrer Mama laufen sollen. Auch Babysprache kann manchmal sinnvoll sein, um das Baby zum Sprechen zu animieren. Ein *„Wauwau“* sagt sich eben einfacher als „Hund“. Bei manchen Begriffen kann es den Beginn zum Sprechen vereinfachen, jedoch sollte darauf geachtet werden, dass nicht ausschließlich in Babysprache mit dem Kind gesprochen wird. Spätestens mit 15 bis 18 Monaten sollte ganz darauf verzichtet werden. Um den Wortschatz zu fördern und zu fordern, ist es hilfreich, dass das Kind seine Wünsche äußern muss. Es ist zwar manchmal einfacher und gerade im stressigen Alltag vielleicht entlastend, wenn man weiß, was das Kind möchte, wenn es in der Küche vor dem Kühlschrank steht. Aber es hilft dem Kind mehr, wenn es selbst benennen soll, was es denn gerne hätte. So kann man auch entsprechende Fragen stellen, wie *„Was möchtest du denn haben?"*. Es kann oft ja sehr gut eingeschätzt werden, was das eigene Kind bereits benennen kann. Auch können tolle Erlebnisse geteilt werden, indem über diese erzählt wird. Entweder kann das Kind von einem Kindergartenausflug erzählen und die gesammelten Eindrücke versuchen, wiederzugeben, oder man schwärmt zusammen vom letzten, gemeinsamen Urlaub. Wichtig ist, dass man auch entsprechend antwortet und dabei evtl. kleine Fehler mit der eigenen Antwort korrigiert und das Kind nicht direkt darauf hinweist.

Wenn man allgemein ständig in Kommunikation mit dem Kind steht und auch neue Begriffe und Erkenntnisse erklärt, eröffnet sich dem Kind eine unheimliche Menge an neuen Worten und Redensarten, die es sich beeindruckenderweise oft sehr schnell und unbewusst einprägt. Aber egal, ob beim Spielen, Singen oder dem Betrachten von Bilderbüchern, bei bestimmten Ritualen oder beim einfachen „Small Talk", die Sprache ist immer in den Alltag integriert und allgegenwärtig. Und somit eröffnen sich dem Baby und auch dem Kind unheimlich viele verschiedene Möglichkeiten, seine Sprache, sein Gehör und auch seinen Wortschatz ständig zu verbessern und zu vergrößern. Man muss dabei auch nicht den ganzen Tag durchtakten und jede halbe Stunde ein anderes Programm zur Sprachförderung einsetzen. Es reicht einfach, sich dieser vorher genannten Punkte bewusst zu sein, sich immer wieder mal daran zu erinnern und ganz normal mit seinem Kind zu sprechen und es dabei anzusehen. Denn viele Ideen und Vorschläge finden sich oft automatisch in den täglichen Spielen und Ritualen wieder und werden vielleicht schon unbewusst von Ihnen angewandt.

GEDÄCHTNISSPIELE

Um sich überhaupt den riesigen Berg an Wörtern auch merken zu können, ist natürlich ein gut funktionierendes Gedächtnis sehr hilfreich. Und auch dieses kann und darf trainiert werden. Denn eine gute Merkfähigkeit ist auch in der Schule sehr wichtig. Schon mit einfachen Spielen und lustigen Beschäftigungen kann die Konzentration auf eine Sache und die Merkfähigkeit gezielt gefördert werden. Nehmen Sie sich dazu Zeit, denn auch Sie als Mitspieler sollten bei der Sache sein und sich dabei konzentrieren können. Stellen Sie sich nur vor, es wird gerade Memory gespielt, man verlangt vom Kind volle Konzentration und der Mitspieler gegenüber schielt dabei ständig auf sein Smartphone. Auch Kinder spüren dies und werden das Spiel auch nur halbherzig mitspielen. Daher sollte beim gemeinsamen Spielenachmittag jeder Mitspieler genügend Zeit haben und sich nicht ablenken lassen.

Auch wenn man gerade unterwegs ist, lässt sich das Gedächtnis ein wenig pushen, zum Beispiel beim Zählen der Schritte. Lassen Sie das Kind seine Schritte bis 20 zählen, dann wieder von vorne. Natürlich kann die Anzahl der zu zählenden Schritte an das Alter des Kindes angepasst werden. Kindergartenkinder zählen nur bis 10, größere Schulkinder eben bis 50. Wer sich verzählt, beginnt von vorne. Um den Schwierigkeitsgrad etwas zu erhöhen, kann das Ganze auch rückwärts gespielt werden.

Oder auch das Spiel „Ich packe meinen Koffer", welches gerne auf längeren Auto- oder Zugfahrten gespielt wird, eignet sich für das Gedächtnistraining. Hierbei wird der gesagte Gegenstand des ersten Spielers wiederholt und ein eigener Gegenstand wird hinzugefügt. Nun muss der nächste Mitspieler die ersten beiden genannten Dinge benennen und einen dritten Gegenstand hinzufügen. Somit werden die zu merkenden Gegenstände immer mehr und sollten im besten Falle alle gemerkt werden. Wenn ein Mitspieler einen Gegenstand vergisst, ist die Runde beendet und es wird von vorne angefangen.

Am bekanntesten wird wohl das Spiel „Memory" sein. Dieses gibt es für sämtliche Altersgruppen und zu den verschiedensten Themen oder Lieblingsstars der Kinder. Memory lässt sich schnell und einfach in den Spielenachmittag integrieren und so gut wie jeder Haushalt hat mindestens eine Ausfertigung zu Hause. Und egal, ob gegen Geschwister, Freunde, Eltern oder Oma und Opa gespielt wird, die Motivation ist einfach enorm, wenn es darum geht, die meisten passenden Paare zu finden.

Für kreative Köpfe eignet sich auch das Malspiel. Hierbei werden dem Kind, je nach Alter, etwa fünf bis zehn verschiedene Begriffe bzw. Dinge genannt und das Kind malt diese nach dem Aufsagen auf ein Blatt Papier. Dabei werden der Fantasie keine Grenzen gesetzt, egal, ob nur mit Bleistift gezeichnet oder bunt gestaltet, dieses Spiel trainiert zum einen die Konzentration, das Gedächtnis und sogar noch die motorischen Fähigkeiten. Ist das Kind mit seinem Werk fertig, wird dieses gemeinsam betrachtet und besprochen. Sind alle Begriffe enthalten? Gibt es dazu vielleicht sogar eine Geschichte? Wenn ein Begriff fehlt – wo lässt sich dieser nachträglich gut integrieren? So kann der Lerneffekt praktischerweise mit dem gemeinsamen Spielen verknüpft werden und zudem wird noch gleich die Bindung zwischen dem Kind und dem Erwachsenen gestärkt, seien es die Eltern, die Großeltern, Geschwister oder Erzieher bzw. Betreuer.

Zappeln hin und her!

Nun haben Sie ein paar Ideen und Anregungen erhalten, um mit Kindern in verschiedenen Altersklassen eine lustige und auch fördernde Zeit zu verbringen. Die Fingerreime und Spiele sind oft ab Geburt bis hin zum Vorschulalter geeignet und können sowohl die sprachliche als auch die motorische Entwicklung positiv beeinflussen und unterstützen. Mit dem fachlichen Hintergrundwissen können Sie nun auch die Vorteile der Fingerspiele besser einschätzen und bewerten. Natürlich müssen Sie nicht ab sofort täglich mindestens eine Handvoll an bestimmten Spielen mit dem Kind abarbeiten. Es soll in erster Linie der Spaß zusammen mit dem Kind im Vordergrund stehen. Und da ist es egal, ob es täglich drei verschiedene Reime sind oder immer das gleiche Spiel einmal pro Woche. Solange das Kind und auch Sie Spaß daran haben, zusammen zu singen, zu spielen und sich zu bewegen, ist alles erlaubt. Der Lernerfolg stellt sich von ganz allein ein.

Viel Spaß beim Zappeln!